靈修著作精選 |盧雲系列|

# 帶著眼淚，帶著微笑，在信仰的愚拙中經歷上帝

## 盧雲給不安時代的4堂屬靈操練課

盧雲 著

黃大業 譯

基道出版社

▼

靈修著作精選 • 盧雲系列

# 帶著眼淚帶著微笑，在信仰的愚拙中經歷上帝

## 盧雲給不安時代的 4 堂屬靈操練課

## Clowning in Rome

Reflections on Solitude, Celibacy, Prayer, and Contemplation

作者
盧雲 Henri J. M. Nouwen

譯者
黃大業

責任編輯
張碧嘉

裝幀設計
奇文雲海．設計顧問

■

出版 / 發行
基道出版社
香港沙田火炭坳背灣街 26 號富騰工業中心 10 樓 1011 室
LOGOS PUBLISHERS
Unit 1011, 10/F, Fo Tan Ind. Centre, 26 Au Pui Wan St., Shatin, Hong Kong
電話：(852) 2687-0331　傳真：(852) 2687-0281
網址：https://www.logos.com.hk

承印
陽光（彩美）印刷有限公司

●


10/2021 初版
Cat. No. LP668
ISBN: 978-962-457-563-7

本書中文版前版本名為《羅馬城的小丑戲——對獨處、獨身、禱告及默觀之反省》

| 刷次 | 10 | 9 | 8 | 7 | 6 | 5 | 4 | 3 | 2 | 1 |
|---|---|---|---|---|---|---|---|---|---|---|
| 年份 | 2030 | 2029 | 2028 | 2027 | 2026 | 2025 | 2024 | 2023 | 2022 | 2021 |

# 目錄

紀念極其謙和的

教宗保祿六世

# 致意

本書緣於四篇講章，對象是在羅馬説英語的社羣。

我要先向 Harold Darcy 致謝，他邀請我到羅馬的北美學院（North American College）授課一個學期，並讓我有機會以獨身及默觀為題講學。我要感謝 Peter Slocombe 邀請我向貝達學院（Beda College）學生分享關於禱告的一些反思，又要感謝 Josephine Rucker 説服我向國際修會總會長聯合會（International Union of Superiors General）成員分享獨處這題目。

我尤其要向 Enrico Garzilli 及 Matthew Clark 表達謝意，他們的建言令我獲益良多。我要向 Stephen Leahy 及 Phil Zaeder 致謝，他們匡正我的文風。我也要向 Ida Bertoni、

Paul Holmes 和 David Lancaster 致謝，他們提供了文書上的協助。

我衷心感激 Fred Hofheinz 及 Lilly Endowment 的一眾同工，他們為我製造機會，讓我得以離「家」出走。

最後我要向好友 John Mogabgab 致謝，他在我這本書及其他幾本書提供了寶貴的協助與支持。

# 修訂版前言

亨利（編註：本文作者對盧雲的稱呼）自小對馬戲團為之著迷，這份驚豔從沒有離開過他。有很多年——尤其在他生命的最後一年——他都打算開筆寫一部關於屬靈生命的小説，以馬戲團為軸線。這小説沒寫出來，只因亨利猝然離世。

二十世紀七十年代末，亨利到訪羅馬，漸漸發現眾多「羅馬的小丑」——他們在一些微小、破碎、不起眼，甚至乎是暴戾的人身上浪擲光陰，這些人身陷苦楚，卻似乎無人在意他們的存在。亨利目睹眾多不凡的「小丑」殫精竭力，在羅馬這個充滿聖徒與暴徒的城市裏關顧弟兄姊妹，因而大受啟發，務要講述這一種小丑般的愚拙（clownlike foolishness）——就是選擇活出有愛的生命，以服事上帝及他者為生活軸線。

在第一章〈獨處與羣體〉，亨利形容這種矢志去愛與服事的生命，是一種「孤身卻不孤單」（alone but not lonely）的生命。他教導我們：定意選擇獨處，能夠培育溫柔、和平、內在自由，令人可以彼此靠近——同時在有需要時彼此疏遠。亨利認為獨處是溫柔的指引，指引人通向形形色色的親密關係。在獨處中，我們心底的渴求給揭露了出來——我們渴求無條件的愛，也渴求全情投入地去愛。在獨處中，我們更容易與上帝相遇——上帝稱我們為「蒙愛的」。獨處能間接改變人際關係，以至建立羣體。亨利認為羣體不是一班出於恐懼結聚，或因忿怒糾集的個體，卻是上帝子民的「身體」（Body），本於共同的傳承而連結——大家都是上帝的兒女。

這愛與服事的生命的另一面，與「神聖空間」有關，亨利在第二章稱為〈獨身與神聖〉。他先描述羅馬的教堂，就是那些美麗的建築「空」間（empty spaces）——不實用、不實際、靜悄悄、大多數時間空盪盪的空間，卻是分別為聖為上帝所用，總是「神聖」的。這些建築「空」間是標記，展示守獨身在當代社會的含義。亨利察覺到這世代的孤單狀況（aloneness）是史無前例的，而人們又被誤導以為人際關係——尤其是親密關係——能夠拯救我們脱離心底的苦楚，結果卻使失落、痛苦、怨懟、刻毒、暴力、忿怒隨之而至。然而，在一切親密關係的核心，確然可以有一片神聖的空白（holy vacancy），就是為上帝這愛的創造者所保留的空間。這是極為私人的空間，若悉心保護與培養，可以成為沃土，孕育出成熟的愛和友誼。少數人可能不娶不嫁，堅守獨身之約，藉此更徹底地見證「神聖空白」的實在。守獨身者不娶不嫁，又捨棄人際關係最親密的表達方式，就像小丑選擇了愚拙，卻常存盼望，深信慈愛上帝能夠充滿生命中的神聖空間，令人生得以充實且滿足。不過在亨利心目中，人人都要有守獨身的操練——不論是已嫁娶者或守獨身者，因為獨身是恩賜，從住在我們心中的上帝而來，這上帝是令我們心中的至聖所得以分別為聖的那位。

「與慈愛上帝相交」是愛與服事之生命的另一元素，亨利在第三章稱為〈禱告與思想〉。亨利是個良師，以想像與激情，闡釋怎樣將不息的思想化為與慈愛上帝持續的相交。他深信禱告是將出於恐懼、雜亂無章的思想模式，化為坦然無懼與上帝——以無條件的愛愛我們的上帝——交談的過程。亨利深明付出時間的重要，要改造思想必須願意花時間。亨利認為要克服心底的驚恐、煩躁、抗拒，並願意將一切的夢想、思想以至生命，化為「愛的對談」，是需要花時間的。「操練」(discipline)是個不受歡迎的字詞，卻是門徒道途的寫照，門徒須按自己特有的生命、工作、背景、性情去跟從主，並在生活中踐行愛，慷慨不移。選擇合宜的操練，可令我們愈來愈懂得與慈愛上帝相交，建立真正親密的關係。

靈命旅程的最後一項操練是「愛與關顧」，亨利在第四章稱為〈默觀與關顧〉。米開朗基羅(Michelangelo)默觀一塊白色大理石，「看見」一位慈母將她死去的兒子放在自己大腿上。米開朗基羅是個巧匠，將他所看見的「呈現」在世人眼前。跟這位藝術大師一樣，亨利將默觀與關顧的生命呈現在我們眼前，令我們在與大自然、與時間、與他者的三個核心關係上，從「不透明」(opaqueness)移到「透明」(transparency)。益加嚴重的污染問題，標示著我們與大自然的關係日漸疏遠——我們理應以感激、欣賞、驚詫的心去領受並好好耕耘大自然的恩賜。時間亦似乎對人構成威脅與奴役，而不再是有益的契機——時間理應是種子，蘊含成長、新生和大愛的嶄新可能。最後，人與父母、伴侶、弟兄、姊妹或朋友的破碎關係，構成了痛苦的經歷，叫我們雖身為上帝的兒女，卻未能在珍貴與真摯的關係和彼此相屬中，好好接受和付出。默觀上帝的美麗與奧祕，是最深邃的醫治，而且亦為我們與大自然、時間與他者的關係賦予重大意義。套用亨利的說法，默觀是屬靈生命獨有的「窗戶」，讓人得以從另一角度窺探世界，看見它是指向自身以外的。我們關顧他者，承擔彼此看守的責任，也是因為遵循這個領悟：人的生命既獨特又神祕。

我在修訂這本小書，預備再版的期間，委實對它的智慧與適切拍案叫絕。亨利寫這本書時年四十餘，字裏行間的洞見卻超越時間與地域，揭示天路歷程的愚拙與智慧。我在這修訂版中改動不少看似過時的用語——以我對亨利的認識，如果他親自修訂，相信也會做同樣的事，使本書能適切更多讀者。

今日社會早已將獨處、獨身、禱告、默觀的價值棄若敝屣，因此我們內心空洞，人際關係一片空白。本書也許可以感動我們去冒一點險，願意被家裏的人、街上遇到的人——

那些我們原本只想忽略或忘卻的人，觸動我們。無家者、敵對者、被棄的、暴烈的、失喪的、不合作的、脆弱的，他們都是今世的先知，呼喚我們成為人生馬戲團的小丑，愚昧地浪擲愛與慷慨的巨大能量。亨利深信，這是作為蒙愛的上帝兒女的愚拙與喜樂之道，也是以忠信、力量和盼望去愛他者的愚拙與喜樂之道。

素兒．莫絲塔娜（Sue Mosteller），聖約瑟修女會（C.S.J.）
盧雲文獻中心（Henri Nouwen Literary Centre）
二○○○年一月

# 初版前言
## 馬戲團的邊緣

這本小書緣起於羅馬。曾幾何時，我常幻想在羅馬居住超過幾個禮拜會是怎麼一回事。其後北美學院邀請我去任教五個月，我才終於有機會體驗。

我花了好些日子，終於習慣住房窗外景致：除了梵蒂岡（Vatican），還有維托里亞諾（Vittoriano）。我花了好些日子，終於習慣聖伯多祿廣場（Piazza San Pietro）的嚴肅禮儀，以及威尼斯廣場（Piazza Venezia）的激烈示威。我花了好些日子，終於在這個虔誠與暴戾不斷競逐的城市裏有賓至如歸的感覺。我花了好些日子，終於坦然接受聖伯多祿廣場的熱心信眾，以及納沃納廣場（Piazza Navona）的放浪一族，都是羅馬生活的風光。然而，一個月後，不論是懾人的建築、廣大的羣眾，還是駭人的事件，似乎都不過是背景音樂而已——主旋律深邃得多，也隱晦得多。

在羅馬旅居的五個月裏，最震撼我的不是紅衣主教或赤軍旅（Red Brigade），而是一幕幕大場面之間的一件件細微事。我遇上幾個來自聖艾智德團體（San Egidio community）的學生，他們「浪擲」時間在小學輟學生及老人身上。我遇上一位來自「醫療使命」（Medical Mission）的姊妹，她全時間照料住在托拉斯特（Trastevere；譯註：羅馬城內平民區）一個閣樓房間的兩個老婦，她們孤苦無依，境況堪虞。我遇上一班年輕男女，他們晚上在街頭接濟醉酒的人，為他們提供食宿。我遇上一位司鐸，他為殘疾人士組織社團。我遇上一位修士，他和三個美國青年在市郊創立了一個操練默觀的羣體。我遇上一位女士，她沉浸在屬天奧祕中，臉上煥發上帝的愛。我遇上許多男女聖徒，他們委身事奉他者，慷慨得令人心悅誠服。慢慢地我明白了一個道理：在羅馬這個碩大馬戲團裏，誠然有很多令人目瞪口呆的馴獸師與空中飛人，但真真正正的故事，原來都由小丑縷述。

小丑的表演並非馬戲團的核心，他們只在一幕幕精彩的表演之間出場。我們仰慕的英雄不斷營造緊張氣氛，小丑的跌跌撞撞行徑卻帶來歡笑。小丑總是傻裏傻氣，事事做錯，模樣古怪，平衡欠佳，笨手笨腳……然而他們卻與我們站在同一陣線。我們對他們的反應並非出於仰慕，而是基於同情；並非本於驚詫，而是源於諒解；並非伴以張力，而是報以微笑。看著大師我們會說：「他們怎樣做到的？」看著小丑我們則說：「他們挺像我們的。」小丑臉上畫的眼淚和微笑，提醒我們人所共有的軟弱。難怪教牧心理學家如荷蘭學者費巴（Heije Faber）或美國學者喜爾得納（Seward Hitner），都覺得小丑是有力的意象，有助理解當今社會投身關顧及服事者的角色。

我在羅馬待得愈久，愈是欣賞小丑——他們這些邊緣人，用卑微而神聖的生命，為一個充滿街頭暴力與勒索綁架的城市帶來歡笑與盼望。人若以為羅馬教廷不過是一個缺乏想像力的官僚架構，或保守勢力的僵化營壘，或文藝復興時期的藝術博物館，就未免想得太簡單了。在羅馬——不論在梵蒂岡內外——有太多小丑可以顛覆上述的想法，我甚至覺得在羅馬教廷的黑衣、紫衣、紅衣之下，或在羅馬政府部門的西裝領帶之下，其實已經有足夠的小丑元素，可以帶給我們盼望。

這就是撐起本書四個篇章的盼望。這些篇章原是講章，對象是在羅馬說英語的修女、司鐸、神學工作者，不過這些信息也適用於一眾奔走天路靈程的人，因為本書論述屬靈生命的四個小丑元素：獨處、獨身、禱告和默觀。我對羅馬城的小丑鍾愛日深，促使我也希望能偶爾作小丑戲，並闡釋這些愚拙事兒：離羣獨處，擁抱虛空，向上帝赤露敞開，細心觀看萬事萬物的本質。我開始覺得，在這個富實、霸氣、脆弱、繁忙的城市裏，必有許多人從心底渴想活出生命的另一面——這一面很想玩耍、跳舞、歡笑，以及做許多其他「無用」的事兒。

行政雜務纏身的修女，很想認識獨處之道。早已洞悉孤單隱患的神學工作者，會揣測獨身是否一種合宜的生活方式。半生投身關顧與服事的司鐸，面對沉重的要求，會懷疑時刻禱告的生活是否可行。所有在羅馬的大學裏上課、愈來愈多參與政治、社會或文化事務的人，會擔心自己能否滿足對獨處與默觀的需求。

我將本書名為 *Clowning in Rome*（在羅馬城作小丑戲），因為我獲邀主講的題目，相對於《訊使報》（*Il Messaggero*）和《晚郵報》（*Corriere della Sera*）滿頁所報導的世界大事，似乎只屬世界邊緣的事兒，卻又同時是屬靈生命的中心。四個篇章之間沒有邏輯上的順序關係，所以你可隨意從任何一章讀起。它們之間的共通點，不過是靈感都源於羅馬，並都是為住在羅馬的人而寫。其後我發現了這些主題有其普遍性，而靈程路上的諸位也可從我的反思中獲益。可以說，羅馬的特殊風景與人物滲透了全書，令它的風格有點彆扭，但想想看，假如在羅馬城的小丑戲，成了個毫釐不差的精準表演，就沒有甚麼可為你帶來歡笑的了。

# 第一章

# 獨處與羣體

# 引言

我們細究時局，會覺得世界持續處於緊急狀態。近日羅馬有個法官被殺害，而基督教民主黨（Democrazia Cristiana）領袖莫羅（Aldo Moro）的五個保鑣被殺，他本人亦遭綁架。在都靈（Turin），一個警員被槍殺。在米蘭（Milan），兩個左翼學生被謀殺。在荷蘭，摩鹿加（Moluccan）恐怖分子佔領了一座政府大樓，令全國陷入恐慌。在以色列，巴勒斯坦游擊隊殺了三十四個巴士乘客；以色列在黎巴嫩展開報復行動，數以百計平民遇害。在羅德西亞、埃塞俄比亞、索馬利亞，不論展開了多少場談判，戰火仍是燃燒不絕。在美國及許多其他國家，罷工行動拖垮經濟，反映千千萬萬國民對生活狀況極度不滿。在貝爾格萊德（Belgrade）舉行的世界人權會議，會後沒有發表聯合公報，然而蘇聯、阿根廷、巴拉圭等國家卻傳來了更多的干犯人權報告。列強之間關係惡化，核武不斷增加，全球災難的威脅愈加迫近。第二個千禧年即將屆滿(譯註：本書初版於一九七九年出版)，世界籠罩著揮之不去的恐懼、益發加添的沮喪、聞之色變的醒悟：人類真的瀕臨自毀邊緣了。

我們毋須再問世界是否正邁向緊急狀態——我們此時此刻已經身處緊急狀態，明天不會變得更好。

你不必是先知，也可預告未來日子很大機會將有更多戰爭、饑饉、壓迫，以及更多徒勞無功的解決方案。我們可以預計，將來自殺會跟濫藥一樣普遍；新型的狂熱分子會遍地遊走，以諸般末世預言恐嚇羣眾；新興的異端邪説會用複雜怪異的儀式，試圖阻止終極的大災難。我們可以預見，奉基督之名散播的新宗教運動，會挾著最違反靈性的儀式肆虐全地。簡言之，我們要預備活在一個充斥著恐懼、疑惑、不信任、憎恨、身體和精神虐待的世界裏，千千萬萬心靈，惶惶不可終日。

就在這黑暗世界中，我們蒙召好好過活，並要迸發盼望——真的可以嗎？我們真的可以成為人類大家庭的光、鹽、酵嗎？真的可以為這世代帶來盼望、勇氣、信心嗎？真的有勇氣打破瀰漫自己心中的恐懼嗎？人們看見我們會說「看啊！他們彼此相愛，服事鄰人，又求告上主！」嗎？還是我們不得不承認，在這歷史時刻我們欠缺了所需的力量與慷慨？我們怎樣可以活出盼望，分享盼望？怎樣可以獲得真正的喜樂？

你問我獨處的事，我發現必須以上述迫在眉睫的疑問為我論述的起點。僅僅概括闡釋獨處與羣體的關係是容易的（因此我也很想這樣做！），但不能喚醒你去關注形勢的危急。所以我會嘗試向你講述你我身處的世局可以怎樣啟發心思，讓我們開始明白獨處在認真的尋道者生命中，何等深渺與美麗。

我希望通過三個題目來談論我們的生活——談論你我身為個體、作為家庭，以及作為羣體（宗教的與俗世的皆然）的生活。這三個題目是：親密（「看啊，他們彼此相愛」）、服事（「看啊，他們彼此服事」）和禱告（「看啊，他們求告上主」）。這三個題目加起來，就是賜生命的力量（life-giving forces），幫助我們去醫治，並成為治療者。再者，我會闡釋獨處與順服聖靈、獨處與心靈純潔、獨處與簡樸生活之間的關聯。盼望我可向你道出羣體生活與見證的這三方面，是如何與獨身、順服、貧窮扣連，並何等需要倚仗不斷操練獨處去成就。

## 獨處與親密

### 恐懼與忿怒的力量

獨處怎樣為世界帶來助益？我們如何能透過操練獨處，為世界帶來愛？在這個「緊急至上」的社會，恐懼與忿怒早成了強大的力量。我們不僅從報章看到人們因恐懼結聚或奉忿怒糾集，我們也發現在自身的家庭或社羣裏，有許多成員坐立不安，滿心恐懼與忿怒。我們四出尋覓，企圖尋找一個社羣，滿足我們的渴求，為我們提供歸屬感——挫敗可以傾訴，失望可以分擔，苦痛可以得醫治。曾經頗有安全感及自信心的我們，如今卻不斷懷疑自己，甚或淹沒在深深的無力感中。我們多年來對自己所選之志業甚感滿意，如今卻在質疑這些人生抉擇的意義，懷疑自己的生命對他人有否價值。我們甚至不確定自己有否被不純全的動機或虛假的渴望所玷污。有一件事是肯定的：我們會懷疑自己曾否做過真正自主的決定。

這一大片自我懷疑，會在心底觸發疏離感與孤單感，令人不得不試圖在一己的社會或社羣中建立嶄新的、愜意的生活方式——我們發現自己的真正需要何其深廣，而要在一己家中滿足這些需要又是何其困難！不足為奇的是，向來潛伏在意識表層下對溫情、友情、親密感情的深深渴求，如今倏然出現在意識的顯要位置！在諸如性慾、自由、責任、罪疚、羞恥感等事上，我們心靈飽受困擾與煎熬，種種痛苦渴求，驅使我們妄圖與過去一刀兩斷，並尋求能夠直接體會得到的親密方式。通常最能感受到這世界的恐懼與忿怒的人，亦最熱衷於尋求解脱，他們強烈感受到對溫情與關愛的需索，但這需索卻是任何家庭或社羣都無法滿足的。換言之，這需索令人飽受困擾與煎熬。

因此我們懷疑，這世界的恐懼與忿怒，是否早已使我們難以效法路加福音中那些孩童般，吹奏笛子，邀人跳舞（路七 32）。我們心中滿是折騰與不安，以致只能顧及一己（肉身上與情感上）的生存。這些煩惱耗費精力，令人很難為上帝的慈愛與眷顧，作出有生命力與説服力的見證。

上述討論告訴我們一事：當我們生命缺乏真正的親密關

係，就很難在這充滿恐懼與忿怒的世界裏體會持久的平安喜樂。因此，我們要認真探究「獨處」在生命中的重要地位。今日世界輕視獨處，高舉迫切需求，結果可能令我們基督徒的生命見證大受虧損。故此，以下我想先討論獨處可以如何成為恆久親密關係的動因。

**從強迫中釋放**

獨處是一個境界，在這境界中我們與他者的連結是有深度的，遠非源於恐懼與忿怒的「緊急連結」可比。恐懼與忿怒確然能夠使人結聚，卻未能使人彼此相愛。在獨處中，我們領悟大家並非被驅趕到一處，而是被引領在一起。在獨處中，我們明白到他人並非只是滿足心底需要的工具，而是一起蒙召，共同昭示上帝無邊大愛的弟兄姊妹。在獨處中，我們發現家庭及社羣並非某種共同的意識形態，而是對共同呼召的回應。在獨處中，我們深深體會一個事實：羣體是天賜的，不是人造的。

故此，獨處不是與人相處以外的私人時間，也不是休養生息的時間。獨處與勞碌生活中的「小息」迥然不同。獨處正是羣體生長的土壤。無論我們獨自禱告、研習、閱讀、寫作，甚或僅僅暫時離開日常與人直接相交的地點，其實都已開啟了一個與他者「深度結連」的可能。我們常以為必須與人交談、共樂、同工，才可以緊密結連，這其實是謬誤。無疑羣體確然能夠在這些相交活動中有所成長，但這成長其實源於每個成員的獨處——因為在獨處中，我們與他者的親密關係得以鞏固。在獨處中，我們發現一些他者生命的光景，是在他者面前難以（甚至不可能）發現的。在獨處中，我們體認到一種結連，是超然於言語、舉止、行動的，這結連遠比人力所能達致的深妙得多。

假若共聚的根基不過是地理上的接近，又或是大家能夠共度時光、相互交談、分享飲食、聚會敬拜，我們的生活將很快隨著情緒氣氛，隨著個人的魅力和彼此的相合度而波動，人際關係亦因此變得苛索且勞累。恰恰相反，獨處能使我們接觸到合一，而這合一是先於一切追求合一的行動的。在獨處中，我們能夠意識到大家的同在（這意識先於行動）——人生並非從意志建構而成，卻是一種順服的回應，回應我們已被連合的事實。每當我們進入獨處，就能見證超越人際溝通的愛，這愛宣告一個事實：我們能夠彼此相愛，因為我們已先被愛（約壹四 19）。獨處讓我們常存愛中，這愛支撐我們，加力給我們。這愛釋放我們，讓我們脫離恐懼與忿怒的壓迫，能夠在一個充滿焦慮與暴力的世界裏，成為盼望的標記、勇氣的源頭。簡言之，獨處創造出自由的社羣，自然的家庭，令旁觀者開口說：「看啊，他們彼此相愛。」

**貞潔的愛**

獨處是沃土——這想法有很實際的引申意義：用作安靜、獨自反思和禱告的時間，與用作一起行動、工作、遊戲、敬拜的時間，二者同樣重要。

我深深相信溫柔、和順、和睦與內在自由——彼此靠近或從對方面前退隱的內在自由，統統孕育於獨處。沒有獨處，人就開始彼此依附，開始擔憂彼此的想法和感受，亦很快會彼此懷疑、互相嫌厭。我們又會不經意地開始彼此挑剔，神經過敏。沒有獨處，小小的衝突很容易化為又深又痛的傷口，「講清講楚」成為苦不堪言的責任，而且終日誠惶誠恐，令長時間共處變得異常痛苦，難似登天。沒有獨處，人會不斷對「愛的多少」提出質詢：「他愛我多，還是她愛我更多？今天我們之間的愛比昨天的少嗎？」類似的質詢容易帶來紛爭、張力、憂心、敵視、憎厭。

然而，有了獨處，就能學習倚靠上帝。祂呼召我們在愛裏相聚，在祂裏面休息，並藉祂彼此悅納、互相信任——即使我們彼此表白的能力極其有限。有了獨處，我們就能免受互相猜疑的毒害，言行都能成為信任的歡欣表彰，而非爭取信任的狡猾手段。有了獨處，就能彼此認識——原來每個人都是上帝大愛的不同呈現，這愛超乎眾人之上。

> 獨處影響我們在性方面的表達。獨處令我們不會將性視作愛的表達或憑證，亦釋放我們脫離對自己需求的依附。獨處使我們能夠將關乎性的感受看為渴求：一種對無條件的愛與聯合的渴求。在獨處中，我們較易對自己的性別角色作出無拘束的回應，以至獻身修道的人，也能覺得禁慾是可行的選擇。

對我們來說，獨處是貞潔的發祥地——當然貞潔的意義不止於禁慾，更是所有親密關係的嚮導。貞潔生活是一道門，通往上帝對我們的大愛之隱密知識，讓人能自由地在世建立具創造力的關係，而不致落入諸般「應然」與「必然」之中。貞潔使親密關係變得可能，因為貞潔使我們得以脱離屬世的壓迫。

因此獨處在生命中不可或缺，它救我們脫離恐懼與忿怒的權勢，領我們進入親密關係，超然於當今世界的「緊急狀態」之上。獨處帶來盼望，因它呼喚我們彼此對望，以至再三驚歎高呼：「看啊，我們彼此相愛。」

## 獨處與關顧

### 關顧事工的個體化趨向

獨處如何鞏固服事的羣體見證（communal witness）？面對緊急狀態，一個很明顯的回應，就是放棄長遠目標，聚焦在最迫切的問題上。一個城市遭受空襲，醫生會停止高端醫學研究，專心致志搶救傷者。當社會陷入緊急狀態，長遠的計劃和需要難免讓路給短期方案、臨時關顧和即時援助。

我懷疑很多家庭及鄰舍中的彼此關顧和服事，無不深受上述關乎緊急狀態的觀念影響。很多我們做了幾十年的關顧事工突然失去方向，服事的人也失去熱忱。教學、醫療，還有很多傳統社區服務，不再被視為對時代迫切需要的回應，因為我們的生命塞滿了各樣的事務，內心紛擾。生活既忙亂又逼人。我們拚命求取價值，以至被自己的需要驅趕，不斷營營役役，卻不過在「空轉」而已。諸如「你近來好嗎？」或「你忠於自己的生命呼召嗎？」之類的問題，往往難於回答。通常我們的答案是：「我在醫院工作」，「我在學校教書」，或「我是專業人士……我是神職人員……我是自由工作者……我在努力養家，或我住在某社羣中，試圖維繫其他成員。」我們的回應，顯示在我們的意識中，「做甚麼」總是先於「是甚麼」，工作的緊急性，遠優先於我們存在的狀態。

如今有各式各樣的事工，服事對象可以是囚犯、癮君子、重病者、邊緣羣體；服事地點可以是教區、工廠、精神病院；服事平台可以是音樂、藝術或媒體。信仰生活的去體制化現象（deinstitutionalization），為事工帶來前所未見的多元性，是不久前普通人想也不敢想的。

然而，這種事工趨向也不無失落，失落的是基督教事工的羣體性。很多時候我們的事工變得如此個別分殊，如此個體化，以至難以明確顯出羣體關顧的力量。有時我們太強調個別人士的特殊才幹，以至難以彰示事工與羣體的關係。太多時候我們只述說個別成員的事工——這不是不好，但忽略了述說羣體的力量。

我懷疑這種個體化的趨向令我們失去成為「共同見證」的機會。作為家庭、教區和信仰羣體的一分子，我們不僅企盼服事個人、鄰人、窮乏人，也渴求與人分享我們的信念與盼望——就是懷著勇氣與自信，與社會大眾分享我們的信仰。正因為我們處身於這被緊急狀態徹底撕裂的社會中，只關顧受傷的個體是不夠的，我們還要為那些我們不曾直接觸及的人帶來盼望——他們看見我們的羣體生命，就會說：「看啊，他們服事鄰人。」羣體召命的強大力量，在於它能夠被人看見，因此能夠觸及、醫治、啟迪那些我們未曾直接觸及的人。

在我而言，泰澤（Taizé）團體的見證帶給我很大力量，雖然我不曾探訪他們。我從范尼雲（Jean Vanier）的工作獲得極大盼望，雖然我不曾與他碰面。我不過是聽聞過耶穌小兄弟會（The Little Brothers）和小姊妹會（The Little Sisters）、仁愛傳教修女會（The Missionaries of Charity）、聖艾智德團體的工作與生命分享，卻已讓我得到極大安慰。這些羣體事工為世界帶來希望，也令我們不至被淹沒在悲觀的聲音之中，力量不至消失殆盡。

同心同工，在這世代太重要了，我們莫失莫忘。

## 羣體召命

這一切與獨處有何關係？獨處可讓人發現自己的身分，可讓人在上帝跟前安靜片刻，看清楚自己與上帝及他人的關係。在獨處中，我們聆聽，等候「細聽」上帝的聲音，祂愛我們，又呼喚我們進入更深的愛中。你可能會問：怎會有這樣的事呢？

獨處可讓我們與上帝同在——單單與祂同在。獨處可讓我們探究自己獨一無二的召命——但我們不會獨自蒙召，我們總是與他人一同蒙召。在獨處中，我們會明白如何將自己的獨特才幹，投入到羣體的事工之中。若以為個別恩賜，就直接等如上帝的呼召，這想法未免有點天真。譬如說，我有寫作恩賜，所以上帝想我做作家！我有教導恩賜，所以上帝想我做教師！我有彈琴恩賜，所以上帝想我做琴師——這是忘卻了我們對自己的了解，未必是上帝對我們的了解。昔日我們曾有偏頗的看法，以為要否定或否認自己的恩賜才算是謙卑，猶幸這段日子已經過去了。然而，若過猶不及，以為個人恩賜就自動等於上帝旨意彰顯，這同樣是一種偏頗的召命觀，而且忽略了一個事實：才幹可以幫助人通往上帝，也可以**攔阻**人通往上帝。

在獨處中，我們與圍繞身邊的各樣意見與意念保持距離，卻向上帝赤露敞開。在獨處中，我們專心聆聽大愛的叮嚀，學習辨別那是事工還是我們的私慾？是召命還是我們的想望？是上帝的呼召還是一己的渴求？假若獨處不是日常生活的一部分，恐怕我們很快就聽不到上帝大愛的聲音，終日所想的都是怎樣做好「我的事」，絕少念及羣體的責任。因此家庭或羣體會淪為「互助」組織，我們身在其中卻不再想到彼此的共同呼召，因為它早已退到意識的底層去了。

獨處可讓我們的共同呼召變得清晰。毋忘上帝是呼召我們成為一個族類，而個體的召命，理應是家庭或羣體之更大召命的一部分。我們不應將羣體僅僅視為發展或揭示自己夢想的踏腳石！假若將羣體看作實現一己理想的支援系統，我們就是時代的兒女，而非上帝的兒女了。事實上，個別的呼召，不過是我們所屬之羣體呼召的個別呈現而已。

在獨處中的安靜片刻，是我們共同呼召的顯露之時——這是我們蒙召作為大家庭的一分子而有的共同呼召。在那神聖一刻，我們拋卻對自我肯定、自我實現、自我滿足的需求，開始經驗上帝的呼召怎樣透過與我們共處的人，臨到我們的生命裏。我們彼此深深相愛，令我們確信愛的生命已然展示：我們彼此關顧，也關愛各處的弟兄姊妹。

**順服的家庭羣體**

獨處是我們體認羣體成員之共同夢想的平台，是我們了解到與羣體是一體的地方。這種對獨處的看法有很實際的含義：聽取上帝呼召，是整個羣體的要務，不可淪為個體的各自修行，或讓父母或在上者獨自擔起的職責。順服關乎認真聆聽上帝——我們在獨處中（不論是個人獨處或與羣體一同獨處）都要作這操練。我們都知道聆聽是困難的，因為人似乎總是急於發言、急於解決積壓的問題。聆聽很不簡單，我們需要空間和時間去操練個人或與羣體的獨處，才能好好聆聽，並敏於察驗上帝的作為，尤其上帝如何呼召我們成為彼此相顧的羣體。

當我們太忙碌，或有太多事要記掛，就難以對安靜及獨處感興趣。因此，我們必須在生活中騰出能夠獨處的時段，操練個人或與羣體一同獨處。為自己與上帝獨處，以及在羣體生活中騰出時間與上帝獨處，二者是很不同的事。我深深相信羣體成員若能夠一起進入獨處並發現上帝對羣體的呼召，極大的更新就必會臨到其中。事實上，面對任何重大決定或方向的重大改變，都需要所有成員長時間安靜聆聽上帝的聲音，才好作出抉擇。

> 也許我要重申騰出固定安靜時段的重要。被迫安靜可以徒勞無功，但在上帝臨在的羣體中一起聆聽上帝聲音，向上帝的慈愛引領保持開放態度，這對關係建立極為重要。傳媒、報章、研習班、分享會都太重視言語了！我必須向你指出：惟有出於安靜的言語，才可帶來果效。我們也會發現，在危機、衝突、強烈情緒張力之中，安靜不但帶來醫治，也帶來羣體生活的新方向。

獨處是一處寧謐的聆聽之所。當代羣體——尤其在這個「緊急至上」的時代——必須面對並回應世人及世事的不斷轉變，因此我們更須認真操練獨處。我們甚至可以在獨處的操練裏，衡量我們的心理及情緒健康狀況。身處這千變萬化的世界，惟有當羣體根植於與信實上帝恆常安靜的接觸之內，我們關顧世人的能力才會不斷加增。這樣，我們才能夠不受各樣紛擾與敗壞所侵襲及纏繞，也能夠不慌不忙地做好各樣差事。在獨處中，我們重新發現自己軸心何在，又重新察覺眾人合一的心得到持續的加力堅立。

當我們在羣體中，能一起跟那位呼召我們去關顧他者的上帝培養個人關係，我們就能夠在一個過度強調「緊急狀態」的社會中自處，並以創意回應每天的種種，而毋須落入驚惶失措的思想行為之中。有了獨處的操練，緊急狀態就難再輕易將我們驅往「保護自己」或「服事自己」的行為模式中；獨處甚或能夠催促我們給彼此帶來盼望。我們蒙召在世界展示上帝的愛，令世人驚詫說：「看啊，他們服事鄰人。」

## 獨處與禱告

### 宗教世俗主義

正如獨處影響人與人之間的愛與關顧，獨處也深深影響我們與上帝的關係，祂是那位稱我們為蒙愛的。我們個人的、羣體的生命，以及我們的關顧，不僅令人歎道：「看啊，他們彼此相愛」和「看啊，他們服事、支援、關顧鄰人」，也叫人讚歎：「看啊，他們似乎認識且深愛上帝！」

若說緊急狀態自然而然使人更留意上帝，並重燃信靠上帝/求告上帝的熱忱——這想法太想當然矣。事實上，緊急狀態所引發的恐懼和忿怒，往往帶來與上述相反的回應。面對今日社會的各樣壓力，我們對於疑惑與難題的回應，更多時是苦澀、怨懟，甚或憎恨。我們不但沒有從中獲得啟發，反倒更常忘卻上帝。我們對發生在自己身上及世界的眾多苦難質疑不已，不知應該怎樣整合現實與靈性。這就正如一種愛恨交加的關係，我們滿心失望與落寞，難以將感受連於自己曾經努力信靠並跟從的上帝。我們半信半疑，又十分不爽，上帝真的值得信靠嗎？祂真的是那有位格的上帝，會「靠近傷心的人」嗎？

我們口裏可能不會這樣說，但我們的行為卻很誠實。我們對朋友說：「我會為你禱告。」但離開後卻很快將承諾拋諸腦後，因為我們根本不大相信禱告會蒙應允。我們聽罷一篇篇重申禱告價值的講章，強調與上帝相交的生命何等有益，但心底其實認為惟有行動（而非禱告）才真正能夠滿足我們的需要。當沒有更重要的事可做，我們才會覺得禱告可取——但同時仍然極懷疑上帝的工作果效，或上帝對我們的關注程度。我們不再覺得「上帝與我們同在」有多實在。

我遇過一些朋友和同事，他們對上帝極度怨忿，卻苦於無法表達，也無法解決。今日單單為上帝而活的人，我還未遇上多少個。

我們既稱這時代為「世俗時代」，怎不也接受世俗思想早已滲透我們心思，令我們滿心遲疑、困惑、忿怒、憎恨，甚至損害了與上帝的交情？

對許多、甚至大多數的人而言，藉禱告與上帝相交，已不是生命軸心事宜——不但因為社會情況瞬息萬變，也因為上帝似乎變得難以信靠！上主似乎成了一位幫我們趨吉避凶的上帝，是我們**不得不**聯繫一下的，可是祂的同在卻對我們生命幾乎全無影響。雖然對許多人來說，這些感受與經驗，不過停留於意識的邊緣，但是一些人還是會自覺懦弱，恨自己沒有勇氣拋開上帝，過自己的生活。這些人自覺在恐懼與依賴中，被上帝「逮個正著」。這是很痛苦的事，令人感到惱怒，覺得受轄制。

在我們很多人的家中，上帝不過是一幅鑲了銀框的聖畫，或牆壁上的十字架。華麗的禮儀、發人深省的書籍或講座，還有向來甚具啟發的定期退修與節慶，早已失去昔日的威力與震撼，而且我們心知肚明：這些東西在我們生命裏，其實已是可有可無。

難怪很多人好像頗輕易就離棄了自己的信仰羣體與同伴，他們覺得切斷了情感和肉身的枷鎖，就可以在各方面更上一層樓。這話並不是要對他們作出譴責，消費主義及世俗主義早已滲入他們的靈魂深處，因此單單提出指責已無濟於事。然而，這是值得我們深思的題目，因它顯示了人們何其深陷於當今被「緊急狀態」主導的世界。今日信仰羣體及教區難以成為永活上帝的有力見證，理由亦在於此。

**最重要的交會**

我們感到被逮住，感到困擾，而我們正要在這背景中細究獨處的深意。在獨處中，我們可以理解這位**與我們同在的上帝**，也能夠與**上帝我們的根源**連結，祂是愛我們的慈父慈母、我們的救主、無條件愛我們的愛者。在獨處中，心湖會泛起深藏的渴求——我們既渴求被愛，且是不帶條件的愛，亦同時渴望去愛，且全心投入地愛。獨處確然是最重要之交會的平台，一切其他交會的意義亦可溯源於此。在獨處中，我們與**稱我們為蒙愛者的那位**相遇，我們拋開所有活動、關注、計劃、方案、意見和信念，向祂赤露敞開、全然接受，進入大愛同在當中。與我們交會的是天上的父親母親，祂全然愛我們，關顧我們，饒恕我們。在獨處中，我們得以與慈愛上帝建立個人且親密的關係。

我這樣說，不等於說我有一個與上帝交往的萬全方案——人與上帝的關係總是愛恨交纏的。獨處不是一個方案，而是一個**方向**。這方向見於先知以利亞的故事裏：以利亞沒有在暴風、地震、烈火中發現耶和華，卻在微小的聲音中遇見祂。耶穌也是依循這個方向，在清晨走到山上與天父相交。

每當我們進入獨處，乃是從一己的「暴風、地震、烈火」生命中退出，投向最重要的交會——與慈愛上帝晤面。不過，在獨處中我們會先發現自己的不安、抓狂、焦躁、妄動、急功近利、汲汲營營。我們要致力禁制自己的衝動，因為我們總想盡快回去做「實際有效」的工作。但如果能夠堅守獨處這溫柔的操練，就會慢慢聽到那微小的聲音，感受到上帝的微風，接觸到慈愛上帝的臨在。這愛直達心底，令人發現自己的真正身分，乃是上帝心愛的兒女。

在此我們碰上獨處的最大收穫了，就是得見真正的自我，獲得真正的身分。獨處讓人與他者建立新的親密關係，看見彼此的共同任務，因為在獨處中，我們得以認識自己真正的本質、真正的自我、真正的身分。這種對自我的真正認識，有助我們在羣體中與其他成員一起生活，一起工作。假若羣體的生活與工作，建基於虛假或扭曲的自我認識之上，我們就注定會糾纏於人際間的衝突，羣體的共同任務必遭遺忘。

這叫我們再一次檢視自身的恐懼與忿怒：恐懼與忿怒，是我們在緊急狀況中最自然、最顯而易見的反應，也是虛假自我的具體呈現。當我們在恐懼中顫抖，或在忿怒中強忍，其實已將自己賣身給世界或假神了。恐懼與忿怒奪去我們的自由，令我們屈從世界的誘惑。當我們在安靜獨處中檢視恐懼與忿怒，就會發現自己的價值原來深深依附在自己世上的成就或別人的評價之上。我們猛然醒覺：自己「是甚麼」怎麼竟由自己「做甚麼、或別人怎樣看我們」來定奪啊！

然而，在獨處中，恐懼與忿怒會失去力量，因為慈愛上帝的擁抱取代了它們。這正是使徒約翰所說：「愛裏沒有懼怕；愛既完全，就把懼怕除去」(約壹四18)的意思。在獨處中，我們漸漸進入真理：我們是上帝的創造，是上帝所作的工，是上帝心愛的兒女，蒙上帝愛眷保守。

因此，獨處是轉變的契機。我們找到空間與安謐，就能經歷轉變：從一個必須向世人展示成就與功績的人，成為一個兩手空空、向慈愛上帝舉目求告的人，從心底知悉自己的生命所有，都是從上帝而得的白白恩賜。

在獨處中，我們不但與上帝交會，也能認識真正的自我。我們認識上帝是天上的父親母親，也為自己的真正身分深感欣喜。我們既如此認識了上帝，認識了自己的羣體作為上帝兒女的身分，我們就不是出於恐懼或忿怒而集結的一羣散兵游勇，而是一個上帝子民的羣體，連於一個共通的淵源。我們如此蒙召，為要自由地見證上帝，祂就是創造我們，且臨在我們當中的那一位。

## 在上帝面前倒空自己

當獨處成為親密交會的契機——與天上慈愛的父親母親相交的契機，獨處就是神聖的空間與時刻，讓我們呈現真我；禱告也成了個體及基督徒羣體的生命氣息。相反，假若對上帝的認識流於表面、各人的自我身分又扭曲失真，真正的團契就不可能出現，真正的羣體也不可能產生。虛謊令人窒息，也令羣體生命消歿。

在這最後一節，我想談論我們與全人類大家庭之團結（solidarity）的重要價值。既然獨處可救我們脱離恐懼與忿怒，幫助我們倒空自己，好與上帝建立關係，那麼，這種倒空也能夠營造一個極大而神聖的空間，去迎接世上的萬民。我們能否迎接萬民，端在乎能否倒空自己。當我們願意捨棄將人分隔的一切——不僅是財產，更是意見、偏見、論判、執拗——就能夠騰出地方，接待朋友和仇敵。當我們為某人禱告，就等於邀請那人進入我們的獨處，將那人交付上帝。在真正的獨處中，為他者預備的空間是無窮無盡的，因為我們的心倒空了。在這空空的境界中，沒有人會敵擋我們，因為沒有需要護衛的物事，就不會有敵人。沒有需要護衛的物事，意味沒有甚麼是單單屬於自己的，因此也不會有人成為我們的威脅。相反，在獨處中，所有人都成了弟兄姊妹。在真正的獨處中，我們向上帝全然赤露敞開，全然意識到自己對上帝大愛的完全依靠，因此不僅我們的朋友，就連那些殺戮、撒謊、喪盡天良、挑起戰禍的人，也成了我們的骨肉至親。的確如此，在真正的獨處中，我們全然倒空、全然窮乏，因此與全地的弟兄姊妹站在同一陣線。我們的心滿有上帝，沒有恐懼與忿怒，就能成為迎迓上帝及全人類的安樂窩。為弟兄姊妹禱告，將他們帶進自己的獨處和禱告中，是一個倒空自己的行動——捨棄分隔自己與他者的牆，使二者**合而為一**，讓上帝觸摸我們心裏的他者。

## 結語

獨處與羣體或家庭生活究竟有何關係？在此我總結一下。

其一，我已向你表明，今日世界的緊急狀態如何深深影響我們的家庭、教區和信仰生活。人際關係早已沾滿恐懼與忿怒，共同任務早已受碎片化及個體化趨向所威脅，禱告生命早已失去日常羣體生活的軸心位置。其二，我已指出獨處的操練非為解決上述疑難，獨處不過是平台，讓我們能在其中回應時代的緊急狀態。在獨處中，我們與上帝有美好的交會，與他者培養成熟的親密關係，還可以發現或重新發現所有羣體成員的共同呼召：成為天上的父親母親的兒女。我向你表明了獨處是家庭、教區和羣體生活的基石。其三，我想幫你看見，獨處怎樣提供一個新的視角，來檢視貞潔、順服、窮乏的當代意義。獨處令人經驗到，上帝的愛乃人類一切愛的根源，因此貞潔是人際親密關係的楷模。獨處讓人順服上帝的呼召，進入羣體生活。獨處要求我們倒空，進入窮乏，藉此造出自由空間，迎接世上受苦的萬民，並以不息的禱告，將他們交付上帝。獨處是貞潔、順服和窮乏的沃土，又是羣體生活的美好禮物。

惟願我能夠讓你相信獨處的重要——獨處在家庭、教區和信仰羣體而言俱不可缺。第二個千禧年快滿了，讓我們加緊操練獨處，以致我們在末世各樣災難事件中，仍可見證上帝的信實。讓我們忠於自己的身分，能夠讓世人看見盼望：「看啊，他們彼此相愛；看啊，他們服事鄰人；看啊，他們求告上主。」

第二章

# 獨身與神聖

# 引言

從高空鳥瞰羅馬，或走在街道上，或搭乘巴士穿梭其中，你會很快發現這是個擠迫的城市——滿眼盡是樓房、人、車，還有貓！你會看見男男女女往來如鯽。你會聽見歡呼怒吼夾雜在一大片街道喧聲中。你會嗅到許多氣味——尤其是咖啡香。你會親身體會意大利式擁抱的滋味，因此獲得友誼或失去錢包。這是個繁忙窘迫的城市，生命力溢於言表，但在多姿多采的樓房人車拼圖中，你還會發現不少圓頂之下，藏著一些分別為聖的場所。羅馬的教堂就像美麗的相框，鑲嵌其中的「空」間，見證上帝紋風不動的臨在，見證上帝是一切人類生活的軸心。這些教堂不實用、不實際、不需要人們馬上行動或迅速回應，它們不過是一些空間，沒有震耳的響聲、饑渴的動作、焦躁的勢態。教堂是安靜的空間，大多時間空空如也。教堂的存在，顯出與周圍熙熙攘攘迴異的況味。教堂不是博物館。教堂呼喚並邀請我們安靜，或坐或跪，細意聆聽，全人休息。

這些備受保護的空間，讓人從當中的靜寂生出言語，或從當中的靜止生出行動——城市若欠缺這樣的空間，很容易會喪失真正的軸心。

我認為羅馬這充滿安靜空間的繁華城市為我們提供了一個意象，可以表明守獨身在當今社會的意義。想想看：繽紛的街頭光景，豈不象徵我們喜歡交際、走動、生產的一面？而那些細意覆庇教堂空間的圓頂，豈不象徵我們必須致力保守，甚或維護的一面，免得生命失去方向？我們都有一個神聖的內室，一個惟獨上帝可以進入的生命核心，這神聖內室對我們生命的重要，不亞於圓頂之於羅馬城。

關於守獨身有許多方面可以講，但在此我只講一個方面：我想反思守獨身怎樣見證我們內心與靈魂那豐富和深厚的內在生活。藉著深究這聖靈駐居的至聖所，我想確認並宣告：一切人間的親密關係，皆可藉守獨身——單單與上帝的親密關係，找到最徹底的意義與實現。守獨身者乃是透過辨認、領受和實踐這恩賜，宣告上述盼望的實在。

論到探究獨身生命的奧妙含意，我會集中講三個領域：選擇和踐行獨身生活的世界；守獨身者見證的本質；促成和鞏固獨身生活的選擇。

## 選擇和踐行獨身生活的世界

### 人際關係的制限

守獨身者要作見證的對象，是一個極強調人際關係的世界。守獨身者要向世界分享一個神聖而虛渺的空間。我們可以大膽斷言，西方社會在過去幾十年對一些價值——共聚、同在、聚居、相愛——的重視，是前所未見的。心理學家、訓練導師、溝通顧問，都在探討諸如眼神接觸、專注聆聽、關心撫摸的治療力量。幾乎每年都有新的治療模式、新的意識提升之道、新的溝通方法面世。許多飽受隔絕、疏離、孤單折磨的人，在上述「共同」經驗與實驗中尋獲盼望與力量。譬如說，再評價療法（reevaluation therapy）在近年的興起與影響，足以證明人們心底的需要正獲得回應。

我們確然彼此需要，並有能力賜予他者，這能力亦常常遠超於我們所想像的。我們被恐懼與內疚煎熬太久，也太久沒有踐行我們理應得到的彼此關懷與親近。那些致力開通更具創意人際關係的人，實在有太多值得我們多加學習的地方。

不過，我們仍要提出這些批判性的問題：假若對神聖空間——就是在我們裏面及我們之間那不被世俗沾染的神聖空間——不夠重視，仍能達致真正的親密關係嗎？假若在我們裏面及我們之間的空間都被填滿，人的親密關係就真能滿足人心嗎？我們強調「共同」的治療力量，是否源於我們對人類困局的片面觀察？上述問題在今日以人類潛能為顯學的時代亟待解答。我常猜想，人們以為孤單的痛楚主要源於未能獲得人與人之間的親密感覺。我們似乎認為：「只要能夠克服恐懼，道出心底的愛與恨，就可以抬頭做人。只要能夠放膽擁抱朋友，或對家人盡吐心聲，就可以心滿意足。只要能夠與真正關心我的人住在一起，就可以重獲心中的平安與整全。」這些想法令人稍為釋然，不過疑問仍在：究竟我們能否找到醫治與整全的真正源頭？

人類溝通的傳統模式已然崩解——家庭、專業、鄰里，都難以提供昔日的緊密聯繫與安全感；孤單成了常態，而且深植於人的情感意識中。我們總是向身邊人不停苛索。我們希望、亦假設了鄰人可以滿足自己心底的渴求，因此在求不得時，往往落入失望、忿怒、沮喪的泥淖。我們期望友人或戀人可以除去心底的苦楚，但其實是期望對方做一件不可能做到的事。世人告訴我們：無人能夠完全了解你，或以無條件的愛愛你，或每時每刻關懷你，醫治你心底的創傷。我們頭腦上知道這一切，但孤單感驅使我們不斷妄求。我們罔顧事實，期待他人做一件不可能做到的事，自然很快以失望收場，甚至心生怨懟、苦毒、仇恨、暴力。

> 近來我們清楚看到親密與暴烈之間的微妙界線。我們目睹耳聞丈夫妻子之間、父母子女之間、兄弟姊妹之間的家暴，駭然發現那些熱切渴求被愛的人，往往落入暴力關係的纏結之中。報章刊載關於性暴力、肢解和兇殺的新聞事件，呈現出一幅可怖的圖畫：人們亟欲彼此擁抱與依附，呼求關愛，得到的卻只是不斷冒現的暴力。

史賓諾沙（Baruch Spinoza）説得好：「大自然是沒有真空

的。」誘惑的確很大——人總想躲進親密與靠近的狀況中，不留半點空間。然而，這令人窒息的親近，卻是許多苦難的緣由。

## 祈禱手

論到人的困局，紐約精神科醫生霍拉（Thomas Hora）的著作《存在形上精神病學》（*Existential Metapsychiatry*）提供了一個很好的意象。[1] 他倡議一種強調人際關係的治療法，稱為「個人法」（personalism），並以十指緊扣的雙手為說明。雙手十指緊扣，緊扣的姿勢只能僵持，其後僅可以向外拉扯，帶來磨擦和痛楚，最終必以分離作結。人與人之間的交往若像十指緊扣的狀況，不留下半點自由的空隙，雙方便會陷入令人窒息的緊纏中。事實上，當兩個孤單的人都渴求親密關係，彼此就會愈靠愈緊，期望獲得歸屬與整全的經驗——但太多時候，他們反而會陷入困境：靠近引起磨擦，磨擦帶來痛楚，痛楚導致分開。很多關係無法持久，正是因為他們對靠近的渴求太強，以致自由行動的空間太少。往往我們開始一段關係，情感方面的期望高而又高，當期望落空或出現落差，我們無法得到所希冀的內在滿足，便馬上驚恐不已。我們以為深究共同生活的細節，就能舒緩人際關係的張力，但最終仍是身陷死局，疲憊不堪，不得不以分手告終，以免繼續彼此傷害。

霍拉以祈禱手來表達真正的人際關係：雙手平行緊貼，指向己身以外，同時可以自由活動。我覺得這意象很好，因為成熟的親密關係，需要珍惜自己及對方的自由空間。雙方亦須致力保護及培育這空間，關係才會持久，因為相愛正是源於它所指向的那更深更早的愛的一份參與。有一個獲得保護的成長空間，親密關係才會結出富實的果子。這關係不再是在慌張中互相依附，而是在自由中翩翩起舞，雙方都有上下迴旋的空間，能夠不斷造出新的構圖，並以全新角度觀看舞伴。

我們身處的世界，有許多恐慌、孤單、焦慮的人互相依附，無非為求一點舒緩、一點滿足、一點愉悦。我們世界的悲劇，是許多對愛、接納和歸屬感的渴求，往往淪為嫉妒、怨忿和暴力——但涉事者起初只求活在愛與和平中，他們想也沒想過會淪落至此。在這個許多人焦慮地互相依附的世界裏，必須有一個指向盼望的標記——守獨身是一個可見的標記，表明在一個過度擠迫的世界中，仍有一處神聖空間，能見證成熟人際關係的存在。

## 見證

### 為上帝留白

我認為「守獨身」的最佳定義來自阿奎那（Thomas Aquinas）：為上帝留白。守獨身就是為上帝騰出空間，保留自由之身，向上帝敞開心門，隨時候命為主所用。然而，這個定義很多時令人誤解，以為為上帝騰出空間只是守獨身者專屬的特權，其餘牽涉於各種人際關係的人，就不用為上帝留空白，可將人生填得滿滿。假如我們將守獨身視為一種高舉上帝臨在的生命狀況——與其餘在世營營役役的生命狀況形成對比——我們就會落入一種危險的精英主義中：以為守獨身者高人一等，就像羅馬城中的圓頂教堂矗立於滿街的平房小築之中。

我認為守獨身不應被視為上帝子民中極少數人的特殊恩寵。守獨身的深層意義，是要為上帝留白，並維護這份空白；這理應是一切基督徒生命形式——包括婚姻關係、朋友關係、個人生命和羣體生命——的重要部分。除非我們首先明白到，守獨身是所有基督徒生命的要素，甚至是不可或缺的要素，否則我們永難全然明白守獨身的意義。以下讓我向你表明守獨身在婚姻及友情中的位置。

婚姻並非兩個人一生互相吸引，而是兩個人蒙召一起見證上帝的愛。婚姻的基石，不是彼此的愛意、感覺、感受或激情（這都是我們對愛情的聯想），而是呼喚與召命。婚姻的精義，是二人蒙揀選，一起在世為上帝建造一個家，就像兩個基路伯高張翅膀遮掩施恩座，造出一個給上主臨在的空間（出二十五 18～20；王上八 6～7）。在婚姻關係裏，男女要保護並培育各自心裏及二人之間的至聖所，他們彼此相愛，就是最大的見證。我們常常以為「召命」（vocation）一辭僅僅適用於對信仰生命的委身，但婚姻同樣是來自上帝的召命（*vacare Deo*），而守獨身更是婚姻的重要部分——這不僅是因為配偶有可能會長期分隔二地，也不僅是因為二人偶爾必須暫停房事（因著生理、心理或靈性的需要），而是因為婚姻中的親密關係本身，乃建基於雙方的共同委身，他們共同委身於更大的愛之中——這愛之大，非二人可憑己力給予對方。婚姻的真正奧祕，不在於夫妻彼此相愛，以至能在對方生命中看見上帝；而是在於上帝深愛他們二人，以至他們能夠益加發現對方是上帝臨在的確據。夫妻二人的結合，確然像祈禱手般指向上帝，並在世上成為上帝的居所。

友情也是同樣道理。深厚成熟的友情，不在乎雙方日夜四目交投，不斷被對方的美貌、才幹、恩賜弄得神不守舍；而是雙方一起定睛在呼召我們委身服事的上帝之上。

羅馬聖艾智德團體成員的相交方式，在我心中留下極深印象。他們曾經告訴我說，在他們而言，友情是極重要之事，但他們必須在羣體中學習將彼此的關係放在共同呼召的背景中看待。假若關係本身成了軸心，就開始偏離召命了。他們必須甘心樂意將羣體的新發展放在首位，以至能夠為此而與其他成員分開一段時期，並且將這種分離看為邀請：邀請自己首先與上主——起初的愛——增進關係，然後才透過聖靈與其他成員加深關係。因此他們很相信每個禮拜的彌撒及每天的晚課能夠鞏固彼此的關係，並培育彼此相愛的心。

在聖餐桌前、頌歌聲中，他們視彼此為朋友，同時

> 重新確認對彼此的委身。即使上帝差派他們走往不同的方向，他們仍能拿出勇氣去跟從主。可以說，他們的關係是一起站在祭壇周圍，又或是一起站在三一上帝神聖空間（就像魯布烈夫〔Andrei Rublev〕的三一上帝聖像畫）的周圍——三個主體致力維護各自裏面及彼此之間的空間。

因此，每段關係都在其核心蘊含一個單單為上帝——起初的愛——而預備的神聖空間。一段沒有這神聖核心的關係，就像一個沒有教堂圓頂的城市，沒有任何標記指向核心——這個城市縱然充滿活動，卻是沒有意義，沒有方向。

## 活生生的提示

委身聖職的人，通常會立守獨身的誓，將自己分別為聖。這對世界而言，也有極重大的意義。藉著揀選分別為聖的生活，守獨身者向世界宣告：上帝——起初的愛——是他們生命的首位。守獨身者是見證，也是標記，提醒別人他們的源頭和目標是甚麼。

我們首先是上帝的兒女，首先屬於上帝——人人都是這樣。將自己分別為聖的守獨身者，不讓自己依附任何特定的人。他們的生命表明自己是上帝的兒女，與上帝的關係乃是一切人間關係的起點、源頭和目標。藉著一個不依附人的生命，守獨身者展示出基督徒生命的一個美好真理。

守獨身者就像馬戲團的小丑：小丑在空中飛人和馴獸師的刺激表演之間粉墨登場，笨手笨腳地跌跌撞撞，提醒我們人間百態委實不像馬戲團主角表演那樣亮眼耀目。守獨身者的生命是一種神聖的空白：不娶不嫁，不為自己建造家居或積聚財產，不謀取影響力，不妄求千古留名而以人、事、物去填塞自己的生命。守獨身者的心願，是藉著自己「空白」的生命，呈現上帝為一切人類生命活動之源。守獨身者捨棄婚姻及人間展示愛意的最親密的方式，成為一個活生生的標示——既標示人際關係的極限，也標示生命中至聖所的中心位置：只有上帝，別無頂替。

然而守獨身者是向誰作見證呢？我斗膽說，是首先向已嫁娶者作見證。我這樣說，是因為我覺得有個題目討論得不夠深入——就是婚姻與守獨身的相互關係。近來我對這相互關係感慨良多，以至痛心疾首，因為眼見守獨身者面對的危機，與已嫁娶者面對的同樣嚴重，而且同時發生：許多神職人員開始摒棄獨身生命，許多夫婦又懷疑婚盟的價值。

這兩個現象雖然沒有直接因果關係，卻必然互相影響，因為婚姻與守獨身是基督徒羣體兩個迥異卻又唇齒相依的生活方式。守獨身者是已嫁娶者的支援，因為前者讓後者記起自己也有「空白」的生命核心。已嫁娶者眼看守獨身者的生命，會自覺需要保護並培育心中的至聖所，以至生命不會單單倚仗穩定的情緒與感受。夫妻各自的生命，亦須建基於各自對上帝以及一起對上帝付出的愛——上帝正是呼召二人結為夫妻的那位。另一方面，已嫁娶者亦向守獨身者作見證：是上帝的愛建立一個家庭，一個親密的羣體，包含豐富而活潑的人倫關係。已嫁娶者可向守獨身者展示一幅圖畫：夫妻的愛令二人生命能夠結出果子、慷慨分享、充滿愛與忠誠，不僅對自己子女如是，對有需要的人亦如是。已嫁娶者是活生生的標示，標示守獨身者與上帝之間的盟約。由此看來，守獨身與婚姻，是一個銀幣的兩面。

> 守獨身者確然可對婚姻生活了然，已嫁娶者亦可對獨身生活了然。有人說：「你懂甚麼，你又沒有結過婚（或說：你又不是獨身）！」但這說法是誤導人

> 的。正因為婚姻與守獨身可互補不足，密不可分，且都是上帝大愛的見證（人間的愛毫無例外皆源於上帝的愛），守獨身者與已嫁娶者可以支援彼此不同的生活方式，成為對方珍貴無比的幫助。

守獨身者不僅向已嫁娶者作見證，更與已嫁娶者攜手向任何願意尋求和聆聽上帝的人作見證，述說上帝在這世界中的臨在。在這個擠迫不堪、滿佈衝突與痛楚的世界裏，守獨身者能夠在單身生活中委身上帝，已嫁娶者能夠在二人生活中委身上帝，都是上帝良善大愛存於世上的標記。兩者各以不同方式感召人們轉向上帝——一切人際關係的泉源。二者各以不同方式宣告：人若不將上帝放在心中首位，任何憑己力打造愛與和平的努力必然失敗。守獨身者凸顯不計得失、務要尊崇心中至聖所的重要；已嫁娶者凸顯將婚姻關係建基於與上帝關係親密的重要。無論如何，兩者皆凸顯上帝是諸愛的源頭，而且祂時刻臨在世間。兩者加起來方可成就基督信仰羣體的美善，並且成為標記，為這被疏離與孤單肆虐的世界帶來盼望。

面對眼下這個苦難重重的世界，我們耗盡心力，務求建立較佳的人際關係，守獨身正好表明可以怎樣促進這些關係。讓我們因此得勉勵、得盼望！讓我們坐言起行，為那曾經差遣耶穌降世、讓人知道怎樣去愛的上帝，造出空間和時間！讓我們在知識中成長，即使困難，**仍能**彼此相愛！我們愛，因為我們先蒙愛，蒙受豐盛之愛。

## 生活方式

**無用……**

守獨身是來自上帝的召命，是為上帝留白，並成為見證，展示一個讓上帝居於心中至聖所的生命——既然如此，禁慾就不可能是守獨身最重要的元素了。不娶不嫁或不涉足性關係，不等於守獨身。守獨身是將生命向上帝敞開，而禁慾不過是其中一樣表徵。守獨身是一種生活方式，藉此見證上帝的位置，是高於一切人際關係的。這涉及我們人生的每個部分，我們吃與喝、工作與玩樂、睡覺與休息、說話與保持緘默，都要見證上帝在我們生命中的首位。守獨身者向上帝敞開心扉，因先蒙上帝所愛。守獨身的生命必然對人產生震撼，因為他的生命在世人眼前成了一台不斷上演的戲，不斷向人心提問，要他們尋索自身存在的深層意義。

論到獨身生活方式，有兩樣操練能夠培育並保護為上帝留白的這個空間：默觀禱告和自甘貧窮。默觀禱告是守獨身生活的重要元素，能夠為上帝營造空間並保留空白。默觀禱告並非以上帝取代人成為忙碌交往的對象，而是一種對上帝的回應——上帝渴望居於我們心中。默觀禱告呼召我們停下來等候上帝，而非疲於奔命去炫耀、證明或爭論甚麼。默觀禱告就是要我們停下來等候，相信上帝能填滿我們的空虛。這操練可能會帶來痛苦，且與我們的文化背道而馳。

這種涉及等候、聆聽、信靠的禱告，與守獨身密切相關，二者都呼喚我們為上帝留白。今日社會效益主義當道，人人不自覺被催迫去做實際、有效、有用的事，又必須作出貢獻，以證明自己的價值——然而，默觀禱告對這種想法作出徹底的批判。默觀禱告既無用也不實際，不過是為了上帝，並與上帝一起浪擲時間。默觀禱告不讓我們繼續忙碌，更提醒世人上帝既有位格也有慈心，因此造出我們，不斷供應我們，讓我們在這奇妙的星球上過活。因此，能夠在上帝跟前赤露敞開、無權無勢、脆弱無助，是守獨身生活方式對主流社會生活方式的批判。

在這無用的禱告中，上帝來到迎接我們。我們的任務是倒空自己，保持自由、開放，意識「上帝與我們同在」，感受祂的臨在，用心聆聽祂愛的聲音。我們會慢慢認識上帝的臨在，就像昔日耶穌在清晨走到山上與天父相交，在祂的臨在中歇息。主臨在我們的空白中，以深厚親密的愛充滿我們——充滿我們的不僅是對上帝的愛，也是對人世間弟兄姊妹的愛。因此，我們要努力建立一種溫暖、關切、親密的禱告生活，騰出時間與空間，讓上帝溫柔關懷的同在觸動我們的心，陶造我們的生活。這種與大愛源頭的相交，令我們逐漸獲得新的自由，因為我們經驗到接納與歸屬。在與上帝的相交中，我們知道自己並不孤單，因為我們處身上帝懷抱中，祂不但是父親，也是母親、哥哥、姐姐。能夠在禱告中體會這種親密關係，是我們在世人生的基石——我們不必依附他者去獲取肯定與關懷，因為我們心中充滿上帝豐豐富富的大愛——這是一切服事的力量泉源。

**而且貧窮……**

獨身生活方式除了要求默觀禱告，也要求自甘貧窮。富裕的守獨身者，聽起來就像肥胖的短跑手！任何認真的守獨身者都要問自己：「我是否貧窮？」假如我答道：「不是啊，我比大多數人都富有，我比我所事奉的教友都吃得好、喝得好，每月的消費也比他們多。」這樣的答案顯示我對守獨身還不夠認真。會否選擇簡樸的生活方式，也許是獨身生活其中一個最清晰的標記。事實上，很多人對守獨身嗤之以鼻，皆因他們天天為口奔馳，汗流披面，卻竟發現神職人員及一些守獨身者生活優悠自在，不禁懷疑究竟是誰最更能活出基督福音的見證！若說當今事奉有哪方面需要強調，相信就是自願選擇的簡樸生活了。人人都可以娓娓道出資本主義的罪惡，同時聽聞數以百萬的弟兄姊妹天天欠缺食物、住房，以及最基本的生活需要。若我們資財太多、肚滿腸肥、整天擔心怎樣花錢才好，我們還好意思說自己是那填滿我們空虛之上帝的見證人嗎？我們致力為上帝留白而自甘貧窮，可能是最合宜的生活方式，尤其對今日世界而言。這是我們與受苦者站在同一陣線的最有力標記，也是對禁慾生活最有力的支援。有生命力的地方 —— 不論對個人或教會而言 —— 總有某種貧窮或空白。德蘭修女的仁愛傳教修女會是個例子，我們在羅馬能見證他們在貧民窟的工作。在墨西哥、巴拉圭和巴西也是一樣，窮人被視為先知，呼喚人們過簡樸生活。

在美國，「天主教工人」（Catholic Worker）及「旅居者羣體」（Sojourners Community）向人敞開心懷及家門，以弱勢社羣為他們的教師及導師。

每當教會經歷更新，就會同時以自甘貧窮來回應世界的行進。不論在個人還是集體層面，我們都要批判少數人不斷加增財富，並要與數目不斷加增的可憐人站在同一陣線。

具體而言，貧窮對每個人的意義難以界定，這很需要明辨。過猶不及，我們要麼太富有，要麼太輕率地撇下一切！不過容我斗膽斷言：任何認真操練默觀禱告的人，或遲或早會聽到昔日基督對那個年輕財主發出的挑戰。有一事是肯定的：我們每個人都會問那個年輕財主問耶穌的問題：「夫子，我該作甚麼才可以得永生？」有一事我卻不那麼肯定：我們預備好聽耶穌的答案並作出具體回應嗎？還是我們像那年輕財主那樣緊抓自己安穩舒適的生活方式，所以只能憂憂愁愁地離開呢？

我深深相信默觀禱告與自甘貧窮，是守獨身的兩大支柱。

# 結語

在我致力總結關乎守獨身的想法後，方才赫然發現很多你們所提出的問題我都沒有論及！我知道自己沒有觸碰這些問題：性（sexuality）該如何與它的激情、慾望、需求好好整合——尤其在一個充滿壓力的生活環境中？我也沒有觸碰守獨身對羣體生活的重大影響。我也不曾闡述伴隨守獨身而來的果效、恩賜和喜樂。

我十分刻意避談守獨身的用處。我若簡單歸結守獨身這種生活方式的好處：令自己更能對他者開放生命，並且慷慨地分享自己的恩賜，又或令自己更容易前赴最有需要的地方——我怕這會令守獨身這件事變得太實用、太狹隘。我又怕人們不夠智慧分辨，何時要或不要為天國的緣故自閹（太十九12）。

耶穌不曾將守獨身說成一種實際、有用或有效的生活方式。論到守獨身，他的說法是「誰能領受就可以領受」。耶穌要我們知道，對大多數人來說，守獨身不會是最為人接納、明白或選擇的生活方式。所以假若我們想令守獨身變得有用，這種想法可能是出於美式實用主義精神，多於基督福音的精神。

在一個以自我滿足為人生終極目標的社會，為上帝保護並培育空白，當然難以被視為有用或實際！因此不要自欺欺人了，世界有股強大力量，要引誘我們相信：兩手空空等候上主，不可能是有用的！捨棄自己應得的財產，不可能是實際的！人生沒有配偶兒女的親密關係，不可能是聰明的選擇！

然而，默觀禱告、自甘貧窮、禁戒性慾，依然是守獨身的三大元素。守獨身見證內心留白之美，在這留白中我們與大愛交會、聆聽大愛的聲音、禮讚大愛臨在我們當中。當我們終於接納箇中的不實用、不實際和愚拙，守獨身就能顯出果效——這果效不屬於這世界，卻在天國領域中可經驗得到，惟有我們那些曾經全然經驗空白之痛的人，才會知道那果效。

在人生馬戲團裏，我們誠然是小丑！誰能作小丑的，就盡心盡力投身這奇妙的召命吧——以致遇見我們的人能綻放微笑，因為他們能在我們身上發現上帝臨在——這位上帝以無限的溫柔與關懷，去愛那些固執且頑梗的兒女。

# 第三章
# 禱告與思想

# 引言

提起禱告，我們有個慣常想法：禱告是活出成熟整全基督徒生命其中一樣當作的要事。我們對自己及旁人說：「別忘記禱告，因為禱告很重要！不禱告，生命會欠缺深度。我們不但要花時間在人之上，更要花時間在上帝之上！」當我們深深確信禱告的重要，就可能樂意每天花一整小時禱告，或每個月花一整天禱告，甚或每年花一整個月禱告，禱告亦因此成了生命中一個環節，甚至是極其重要的環節。

然而使徒保羅對禱告的說法卻截然不同。他並非將禱告視為生命中一個環節，卻是將禱告看為生命的全部。他並非論說我們不要忘記禱告，乃是宣稱禱告是持續不斷的要務。他並非勸勉信徒要記得禱告、定時禱告、經常禱告，而是斬釘截鐵地吩咐信徒要禱告不懈、不停、不息。他並非要求我們每天花一點時間禱告，不！他的要求徹底得多：乃是要求我們不分日與夜、喜與哀、工作與玩樂，總之必須時時刻刻不間斷地禱告。對保羅來説，禱告就像呼吸——是生死攸關之事。

> 保羅寫信給帖撒羅尼迦的基督徒説：「〔要〕不住地禱告，凡事謝恩；因為這是上帝在基督耶穌裏向你們所定的旨意。」（帖前五17～18）保羅不僅要求信徒遵行他的吩咐，他也身體力行：「我們也不住地〔在禱告中〕感謝上帝」（帖前二13）。保羅又對這個希臘城市的信眾説：「我們該為你們常常〔在禱告中〕感謝上帝」（帖後一3），「我們常為你們禱告，願我們的上帝看你們配得過所蒙的召。」（帖後一11）保羅對羅馬的信徒説：「我怎樣不住地〔在禱告中〕提到你們」（羅一9）。保羅又安慰他的戰友提摩太説：「〔我〕祈禱的時候，不住的想念你。」（提後一3）

有兩個希臘字常見於保羅書信：*pantote*（常常）、*adialeiptos*（不間斷），表明保羅相信禱告不僅是生命中一個環節，而是生命的全部；不僅是思想的一部分，而是思想的全部；不僅是情緒與感受的一部分，而是情緒與感受的全部。保羅的熱忱容不下局部的委身、零碎的關顧、遲疑的慷慨——保羅乃是盡傾所有，也要求我們效法他。

這般徹底的生命導向，顯然會生出一些難題：保羅在說甚麼？保羅說「不住地禱告」是甚麼意思？我們的生活已夠忙碌兼緊張了，還可以怎樣不間斷地禱告？面對不斷進襲生命的無盡紛擾，我們還可以怎樣做？退一步說，我們需要睡覺——不然也總有必須稍息的時刻吧，在那時刻怎樣繼續禱告呢？那些絕無僅有、讓人可以暫時逃離生活張力與衝突的時刻，真的可以昇華為某種形式的禱告嗎？上述疑問都很實在，也讓許多奔跑天路的人大惑不解，因為我們確實很想認真地回應保羅「要不住地禱告」的勸誡。

渴慕不住地禱告的著名例子之一，是十九世紀一位俄羅斯農夫的故事：他亟想遵行使徒保羅的吩咐，因此跑到曠野尋求長老（staretz）指引（譯註：在俄羅斯正教傳統中，長老是嚴守禱告與獻身召命的聖人兼靈命導師）。農夫求問了一個又一個長老，終於有一位教導他以「耶穌禱文」(Jesus Prayer)禱告——就是每天誦唸無數遍：「主耶穌基督，求你憐憫我。」農夫發現他開始這操練後，呼吸與心跳慢慢與「耶穌禱文」融為一體。其後他在俄羅斯遍地遊走，背包裏帶著聖經、《慕善集》(*Philokalia*)、少許麵包和鹽，沿途不住地禱告。[1] 今日我們未必有十九世紀俄羅斯農夫的遊走熱忱，但料必也有那位老實人的同樣疑問：「怎樣可以不住地禱告呢？」

我不想從十九世紀俄羅斯的寂靜大草原回答你的疑問，卻想在我們當代西方社會氛圍中向你發話。我想鑽研保羅的呼召，將「不住地思想」化為「不住地禱告」。因此我的關鍵問題是：「怎樣可以將不息的精神活動，化為不息的禱告？」一個更簡單直接的問法是：「怎樣可以將思想化作禱告？」

首先我會請你細想一事：我們那些不息的思想既是喜悅的源頭，也是苦痛的淵藪。然後我想你明白另一事：那些不息的思想，其實可以化為與上帝的不斷交談。最後我會探討怎樣可以進行這操練，將思想不斷化為與上帝的交談。若能做到這幾樣，「在禱告中與上帝不住地相交」就不再是浪漫空想或誇誇其談，而是現實可行的經驗，有助克服世界的諸多刁難。

## 不息的思想

### 會思想的蘆葦

近日我忽發奇想：人有**不思想**的時刻嗎？似乎我們時刻總在想著甚麼，不思想是不可能的。帕斯卡（Blaise Pascal）形容人為「會思想的蘆葦」（*roseau pensant*），他的意思是：我們的思想能力，是人之所以為人的要素，而這能力是人與其他受造物的最大區別。我們一切情緒、熱忱、感受，俱與思想息息相關，以至我們可以斷言，思想是喜與哀的根源。「思想」在此泛指諸般精神活動，我們若檢視這些活動，會發現無論我們喜歡與否，都總是在不住地思想——或落入不息的思想中。

其中一個我們最熟悉的思想形式（卻只佔精神活動的一小部分）就是反思——有意識地回想不同的事件，以及與那些事件相關的意念、形像和情緒。反思需要意志力與專注力，還要有紀律、韌力、耐性，以及許多腦力。那些不斷鑽研知識的人，必然知道進行有系統反思的辛勞，可以令人身心困頓，力竭筋疲。反思是很實在的工作，一點也不輕鬆。

然而，不反思不等於不思想。事實上，我們會不時發現，即使自己沒有刻意思想，但其實已經正在思想。

> 你可能在羅馬的街道上穿梭漫步，忽然發覺自己在想著家鄉、父母、兄弟姊妹，但你根本不曾打算要想這些人和事。又或你突然發現自己在想著意大利麵和葡萄酒，或是有一筆鉅款要作捐獻，或是關乎房事，又或假如美國總統打電話來你會怎樣回話。在羅馬，你還可能在想著：如果當選教宗，要取甚麼名字好呢？又或如果被酷刑威迫，會背棄還是恪守信仰？又或如果你從北美學院五樓跳下自盡，有誰會為你流淚？你會幻想如果結婚，或獻身聖職，或為人父母，你會怎樣過活？你的思緒無窮無盡。你沒有打算想這些事，甚至不願意想這些事，但你發現思想不由自主，早已落入一個充滿意念、形像、感受的大漩渦中。

這些被動又未經反思的思想，有時令人困惱不已，人卻猜不透它們的緣起。偶爾它們會帶來焦慮與擔憂。我們知道自己心思會出現一些不受控制的東西——悄然而至，不知從何而生，從何而來，且與我們的「正經」思想打成一片。譬如説，在最嚴肅的場合，我們會驟然驚覺腦中想著最無聊的事。台上講員在傳講上帝大愛，我們卻在審視傳道人的髮型。閱讀屬靈書籍的同時，卻在為晚餐的菜餚、該寫未寫的信、要打但不想打的電話而苦惱。參與教會一個精心安排的聚會期間，卻滿腦子問題：怎樣與青春期的兒女溝通？怎樣向老闆提出加薪要求？怎樣與配偶改善關係？事實勝於雄辯：我們在最高渺的時刻，會想著最低下的事，這其實不算罕見。問題是甚麼？就是我們不能不思想。我們總在思想，又常覺得自己備受諸般不由自主、不受控制的思想播弄。

思想過程在入睡之時也不會休止，而且比起認真反思或胡思亂想，可能對我們影響更深更廣。我們可能夜半夢醒，覺得自己快要撞車，或有美食當前，或在天堂裏唱著詩歌。有時候我們能夠鉅細無遺地複述夢中情境，聽了甚麼，説了甚麼；有時只記得夢醒前的一幕；有時只留下一絲難明的恐懼，或莫名的喜悦。我們知道睡夢中有許多事情發生，卻只能夠探究或領會箇中一鱗片爪。精密的腦電波研究顯示，人的心思在睡眠中活躍不已，每時每刻都在做夢，雖然醒來後並不察覺，也記不起夢的內容。此外，雖然我們總覺得做夢的重要性遠低於日間的認真反思甚或胡思亂想，但別忘記對許多人而言，夢是認知的主要來源。記得以色列先祖雅各怎樣在夢中看見天使在一個梯子上，上去下來，並聽到上帝的聲音嗎？又或舊約聖經中的約瑟被賣到埃及，無非因為在夢中看見禾捆、太陽、月亮、星辰向他下拜，因而得罪十個哥哥。還有新約聖經中的約瑟，天使在夢中警告他說希律要殺害耶穌，於是他便帶著馬利亞和聖嬰逃到埃及。而在我們身處的世紀（譯註：二十世紀），雖與聖經時代相去已遠，可是弗洛伊德（Sigmund Freud）和榮格（Carl Jung）告訴我們，夢可以透露關乎我們內心世界的許多真相。

**喜與悲之源**

我說了這麼多，無非想強調一事：不論情願或不情願、極警醒或極睏累、工作中或休息中，人人不分夕旦，都在不斷思想。這是我們人類的困局，這困局帶來極大的喜悅，也帶來極深的痛苦。人會不斷思想，這是擔子也是恩賜，惟我們有時寧願能夠停止思想片刻——若能停止思想，就能逃離對故友的苦苦追念，逃離與舊愛關係破裂的百般煎熬，逃離面對世間饑饉與壓迫的真相與無力感。上述思想會在最不合宜的時刻說來就來，令人輾轉反側，夜不成眠。我們多渴望可以停止這些不息的思想，將這些畫在心靈板塊上的塗鴉擦去。不過話分兩頭，若然沒有思想，也就沒有微笑，沒有歡樂，沒有愉悅。試想人若沒有能力思念朋友，還怎會有久別重逢的欣喜？假如不能理解節慶背後的意義，還怎能為人熱烈慶生，為國家奠基歡騰，或歡度宗教節日？假如無法記起領受了甚麼禮物，還怎能心存感恩？假如沒有對諸事諸物時刻的聯想，我們還怎能心花怒放、聞歌起舞？

人的思想是一切悲喜的根源。思想若是空洞，心靈就不懂得哀悼或歡慶，眼睛就不懂得哭泣或發笑，雙手就不懂得握緊或互拍，舌頭就不懂得詛咒或讚美。我們確然是「會思想的蘆葦」，並因此能夠深刻地感受且經驗生命中的一切，包括各樣的悲與喜。重點是，我們的思想——這發生在心靈與存有核心的不息活動，必須漸漸——速度極慢，但持續地——轉化為與上帝的不息相交。

# 不住地禱告

## 與上帝對話

保羅吩咐我們要「不住地禱告」，假如他的意思是要我們「時刻不斷想著上帝」，那是完全不可行的——不僅那些諸多思緒、須關注許多事務的人不可能做到，甚或是整天花許多時間禱告的修道士也不可能做到。要全時間想著上帝，根本是不切實際的期望，甚至會導致精神失衡。

不斷與上帝相交，不等於只想著上帝而不想著別的事，也不等於只花時間與上帝在一起而不花時間與人在一起。當我們將思想強行二分為「關乎上帝的思想」及「關乎其他人和事的思想」，就無異於將「上帝」與「日常生活」強行二分——而上帝往往會被調配到生命中的一個小小角落，名為「虔誠」——在那裏只有虔誠的思想和虔誠的感受。誠然我們的屬靈生命必須將特定時間留給上帝，這是重要且必不可少的舉措，但惟有當我們一切的思想——美的醜的、高尚的平凡的、引以為榮的引以為恥的、憂愁的喜樂的——都能夠在那住在我裏面且環繞著我的上帝之臨在中進行，我們的禱告方能成為與上帝不息的相交。這樣，不息的思想就能化為不息的禱告；原本以自我為中心的獨白，就能化為以上帝為中心的對話。換言之，我們要努力將思想化為交談。因此，重點不是我們思想甚麼，而是我們的思想要呈獻給誰——因為「不住地禱告」的意思，是在慈愛上帝的**臨在**中思想並存活。

> 當我們終於鼓起勇氣，不再掩藏自己的思想，敢於表達、承認、分享、交流，就會不難發現可在日常生活中帶來何等真實而明顯的改變！不論是令人尷尬或令人興奮的意念，當這意念終於不再藏於心底，而能與人連結，嶄新的事就會發生。要這樣做需要很大的勇氣與信任，因為我們不能確定別人會怎樣看待自己的想法。不過只要敢於冒險，並經歷過別人的接納，我們的思想就會出現一份新的特質。

不住地禱告，是將思想從恐懼的隔絕狀態，帶進與上帝無懼的對談之中。耶穌的一生，活在祂所愛的天父的臨在中。耶穌在天父面前是全然坦蕩蕩的，毋須也不曾隱藏任何事。耶穌的喜樂、恐懼、盼望、沮喪，總會即時與天父分享。因此耶穌可以真心地對門徒說：「……你們要分散，……留下我獨自一人；其實我不是獨自一人，因為有父與我同在。」（約十六 32）禱告乃是要求我們不再獨白，而要效法耶穌，將生命轉化為與上帝不斷交談的旅程。

所以禱告不同於內省。內省是往內心察看，進入精神世界的複雜網絡，尋找內在的邏輯或關聯。內省是為了解自己，認識自我的內心世界。雖然內省有其積極意義，但亦有其危險：內省可以將人帶進一個由意念、感受和情緒交織而成的迷宮中，令人益加以自我為中心。內省常常導致過度憂慮，或產生有害無益的顧盼自豪。內省又常使人喜怒無常——這是今日許多人的普遍徵狀，反映我們太顧念自己，並對自己的思想和感受過度重視。我們的人生因此有如「過山車」般起伏不定：時而「高峯」時而「低谷」，時而「好日子」時而「壞日子」，換言之，是一種孤芳自賞。

禱告不是內省。禱告不是抽絲剝繭地探究內心世界的思想與感受，而是細意留心道成肉身的慈愛臨在——祂不斷邀請我們與祂相遇。禱告是向上帝呈獻我們的思想，不論是反思，還是白日夢、睡中的夢——祂接受我們的思想，以無條件的愛細察，以慈悲憐憫回應。我們能夠在祂的臨在中思想，能夠與慈愛上帝交談對話，印證聖靈與我們同奔天路——祂認識我們的內心世界，知道我們的心思意念、善與美、幽暗與光明。詩人在詩篇一三九篇道出我們的心曲：

耶和華啊，你已經鑒察我，認識我。
我坐下，我起來，你都曉得；
你從遠處知道我的意念。
我行路，我躺臥，你都細察；
你也深知我一切所行的。

上帝啊，求你鑒察我，知道我的心思，
試煉我，知道我的意念，
看在我裏面有甚麼惡行沒有，
引導我走永生的道路。
（詩一三九 1～3、23～24）

從隨興而至的胡思亂想，轉往時刻與慈愛上帝相交，這對頭腦來說是嶄新的轉化。漸漸地，我們遠離自我——心中的擔憂、掛慮、志得意滿——而將原本視為「自己的」

一切呈獻給愛我們的上帝，並深信憑著愛，一切都會更新改變。

## 沒想過的偶像崇拜

然而，這種轉化——將不息的思想化為不息的禱告——是很漫長的，而且決非易事。我們心底有極大的阻力，不容自己變得脆弱、坦蕩蕩，不想解除一切保護裝甲。我們內心渴求愛上帝，這是毋容置疑的。我們希望成為愛上帝、敬拜上帝的人，卻同時想在心內經營一小片自主耕地。我們戀棧這方寸土壤，好讓自己可以偶爾躲藏其中，懷抱隱密的心思、夢想、妄念，讓腦袋胡作非為。當我們想要立志在慈愛上帝的臨在中思想度日，就會立即遇上試探——我們不禁在腦中小心翼翼進行篩選：這些思想可以與上帝分享，那些思想則留給自己獨享。

我們為何如此膽怯，如此吝嗇？也許我們不大相信上帝受得了我們的一切心思意念！上帝真的可以接納那些仇恨入骨的想法、暴虐不仁的妄念、羞不可及的夢想？滿有慈心的基督受得了那些赤裸裸的形像、虛茫茫的幻覺、一座座活色生香的精神堡壘嗎？還是我們捨不得拋開這些愜意的幻想、刺激的樂趣，因為恐怕主知悉後會敕令我們將之摒棄？因此我們進進退退，反反覆覆，既渴求親密的相交，又墮入自私的內省。我們的渴望滲入了恐懼，我們的慷慨夾雜著貪婪。我們漸漸覺醒一事：心底的隱密行止，極需要慈愛上帝醫治。

若向上帝隱藏我們大部分的思想，我們將不知不覺地走上歪路——拜偶像的路。拜偶像就是膜拜虛假的形像——當我們將自己的妄念、憂慮、喜悅留給自己，不肯呈獻給生命之主，就正正是拜偶像。拒絕與上帝分享這些思想，就會制限了自己得醫治——這無異於築起一個個小祭壇，將這些私人的思緒，隔絕於與上帝的交談之外。

有一幕往事我如今仍然歷歷在目：我曾向一位精神科醫生談論自己的狀況——心中的妄念彷彿不受制約。我告訴他有許多令我不安的形像不斷在腦海中出現，我擺脱不了它們。醫生聽完我的描述，微笑道：「神父啊，你是神職人員，豈不知這是拜偶像嗎？你的上帝吩咐你不可以膜拜虛假形像啊。」直到那一刻，我才真正明白何謂思想上的犯罪——人不僅要承認言行上所犯的罪，也要認思想上所犯的罪。我們要認拜偶像的罪——這是其中一樣最古老、最常見的試探。

容我再次強調：不息的相交，不是唾手可得的，因為我們總愛將內心世界某部分留給自己。我們不願意在慈愛上帝面前完全赤露敞開，這傾向既真實又根深蒂固。不息的禱告，是一場場與拜偶像行為對抗的爭戰——真實、艱苦，是持續的掙扎。當我們所有的思想——白天的、黑夜的——都能夠與上帝親密分享，我們也就達到完全順服了。而既然我們明顯地難以在世達致「完全順服」的境界，另一課題就立刻冒現：操練。我明白**操練**（discipline）不是個受歡迎的字詞，但這字詞與**門徒**（disciple）大有關聯，所以我們須以全新眼光看待它。我們要問的是：哪些操練有助我們成為慈愛基督的門徒呢？祂是我們的道路、真理、生命，我們可以怎樣將自己全然交付祂？

## 操練

### 想像基督

攔阻我們將不息思想轉化為不息相交的事情很多，所以我們需要支援——「操練」就是一種支援。若然沒有操練，「不斷禱告」不過是模糊的空想——這說法可能相當浪漫吸引，但在當今世界卻只是鏡花水月。操練是具體而微的行止，為要造出一個孕育不息禱告生命的環境。培育不息禱告的生命，需要花時間操練獨處和禱告。每天選定一個地點和時段，心無旁騖地禱告，是將不息思想化作不息禱告的土壤。為何編定一個禱告時刻那麼重要？因為在這分別出來的時刻裏，我們的心靈向上帝全然敞開，一心一意盼望等候聖靈與我們同行同工，展開生命與愛的交流。

操練禱告可以運用各種不同的禱告方式：集體的和個人的、開口的和靜默的。最重要的是，我們在操練獨處時，已經了解它的意義，並且帶著盼望和期待與上帝同在。「我們要以感恩的心，度過生命每一刻」——我們常將這話掛在嘴邊，但惟有懂得在特定時刻以非常具體而明顯的方式向主感恩，上述的話才得以落實在生活中。「我們的每一天，都要為上帝的榮耀而活」——我們常將這話掛在嘴邊，但惟有懂得將一天分別為聖，將榮耀歸給主，上述的話才不是空言。「我們要常常彼此相愛」——我們常將這話掛在嘴邊，但惟有定時做出慷慨而實際的愛心行動，才不致空口說白話。同樣我們可以隨口說：「我們一切思想，要化為與上帝的對話與相交」——但惟有懂得定時停下來，讓上帝成為心中惟一思想與內容，這種轉化才會真正發生。

不論是教堂裏的歡慶，還是個人的默觀，在我們一切的禱告背後，都是我們努力地向上帝——就是我們從聖經及自身經驗所認識的上帝——敞開心窗。既然如此，我想跟大家進一步闡述「默觀」這個操練的重要性和意義。默觀是其中一條通往不息相交的康莊大道，關乎它的著述多不勝數，可惜大多數人仍覺得默觀式禱告是超凡、特殊、高超、難似登天的事，對我們這些每天營營役役的普通人來說，實在遙不可及，高不可攀——這委實是憾事，因為默觀式禱告其實對我們這些生活既忙碌又割裂的人尤其寶貴兼有裨益。如果說人人都蒙召，要將自己一切思想化作與主的不斷交談，那麼，默觀式禱告就肯定是極佳的操練，預備我們迎向這蛻變。

默觀式禱告相當簡單，卻精采不已。默觀的精義是觀看上帝，等候上帝——凝視耶穌，凝視天父。你可能會問：「這怎麼可能呢？沒有人見過上帝啊！」

我們知道耶穌奉上帝差遣來到世間，這奧祕稱為道成肉身，因此我們可以藉著耶穌基督，看見永生上帝。耶穌是上帝的愛子，是成了肉身的上帝。藉著耶穌的一生，我們認識到上帝是耶穌慈愛的天父。觀看耶穌，聆聽耶穌，藉著聖經跟隨耶穌腳蹤，我們可以觀看、聆聽、跟隨主——祂是上帝的形像。

耶穌是永生上帝的兒子。曾經耶穌與門徒談論上帝，腓力不耐煩地插嘴道：「求主將父顯給我們看，我們就知足了。」耶穌回答說：「人看見了我，就是看見了父；你怎麼說『將父顯給我們看』呢？我在父裏面，父在我裏面，你不信嗎？」（約十四 8～10）

默觀式禱告就是將耶穌基督視作上帝的形像。在默觀式禱告中，一切關乎上帝形像——有意識的、無意識的——都由上帝的兒子塑造，祂是上帝惟一形像，也是我們活生生的榜樣。這就是默觀。

默觀式禱告可說是對上帝兒子耶穌的一種想像，容讓祂全然進入我們的意識裏，成為我們靈魂內室中的常存聖像。藉著凝視道成肉身的耶穌，我們懷著愛祂的心，留意祂的作為，又以心思的眼睛「觀看」這條通往天父的「道路」。耶穌的生命與作為是一種從不間斷的狀態，一直默觀天父、與天父聯合。我們身為耶穌的跟隨者，也嘗試努力效法耶穌。我們樂意接受默觀操練，定時進入耶穌的生命裏，默觀耶穌與天父的奇妙關係。在耶穌裏、藉著耶穌、與耶穌一起，我們得以分嘗上帝無條件的大愛。

## 一個簡易方法

在實際層面，我們怎樣默觀耶穌？怎樣可以與祂對話，將不息思想化為不息禱告？這問題沒有單一答案，因為上帝邀請每個人根據各自的生活與工作、時間表、文化背景、性格等因素，定出每個人獨特的操練方法去與上帝相交。而操練的一大妙處，在於它本質上能夠與每個尋求上帝者的獨特生活方式配合。操練可以保住我們跟隨耶穌、與天父相交的意欲。這樣吧，與其再多闡釋默觀式禱告的定義，不如為你提供一個簡易的操練方法吧。我期盼這能為你打開一道通往默觀式禱告之門，讓你發掘獨特的方法，使默觀成為你的生命要素，並持之以恆。

這個操練方法，是在每晚睡前閱讀翌日彌撒的經課，你可以尤其留意福音書的部分。要留意有哪些經文特別觸動你，也可以找出呼應你的經歷或尤其能夠撫慰你的某句或某詞，重唸幾遍，讓這些詞句成為鑰匙，開啟你的心，讓你進入整段故事或信息之中。然後再重唸幾遍，讓整段經文的信息慢慢從頭腦滲進你的心思、你的核心。

> 我自己曾在患難中藉這操練大得幫助。這操練在夜間尤其奏效——特別是當擔憂或焦慮令我不能入睡，並引誘我去拜偶像之時。藉著追想福音書故事或某位聖經作者的著述，我可以進到另一領域：一個安全的內在居所，在那裏我不必獨自與我的掛慮同在一室——它們仍在我身旁，卻不知怎地化作了安靜的禱告。福音書的故事，領我進入內心的聖所。

到了翌日，盡量撥出一個時段來操練獨處及默觀。你可以一早將這時段記在日程表中。這是你的立志：要在經課裏看見耶穌。你要慢慢再讀當日經課的福音書部分，將自己置放在故事裏，努力想像主怎樣在你及眾人面前說話或行動。在這個分別為聖的時段裏，你要仰望耶穌，聆聽祂說話，觸摸祂，讓祂臨在於你全人之中。

在默觀式禱告中，我們與耶穌相遇，祂是我們的治療者、老師、嚮導。在祂的義怒中、在祂的憐憫中、在祂的受苦中，在祂的榮光中，我們都與祂同在。我們與祂同行，注視祂，聽祂說話，與祂交談。通常經課中的舊約和新約部分會呼應我們的經歷，加強耶穌的形像。梵高（Vincent van Gogh）說得好，福音書是山巔，其他經卷是山坡。

> 對我來說，這段惟獨與耶穌相交的「空白時間」——祂藉著每日經課跟我說話——就是我的操練，而這操練大有果效。我發現在那天的其餘時間，不論我在哪裏或做甚麼事，那「空白時間」裏默觀出來的基督形像會在心中不斷呈現。有時候聖像是我思想意識的核心，但更多時候是一種安詳的臨在，我只能隱隱覺察得到。起初，我沒意識到當中的變化，然而隨著時日過去，我發現自己心裏有了耶穌，祂是

上帝的形像，在我裏面動工，將我的反思、狂想、白日夢皆予以轉化。我真心確信這簡單不過的每日默觀，在我心裏不斷悄悄耕耘，將我的夢想化為上帝不斷且慈愛的臨在與啟示。

最後，這個藉著福音書經課將耶穌帶進心裏的默觀操練，為每天彌撒帶來嶄新的視角。尤其若在晚間進行，彌撒就成了一天的高潮——與我們同行了整天的主，在一眾信徒面前與我們再遇，而且向我們這信徒羣體再說話。在彌撒中，耶穌邀請我們與弟兄姊妹一同聚集在祂桌前，這是極親密的時刻，也是將我們一切形像化為基督形像的巔峯時刻。在「主的桌」前，我們與耶穌的相交——在默觀中所經驗的一切——得以完全。每天的默觀操練，成為我們的準備，讓我們在每天的彌撒中得以更新轉化。由於我們在操練如何整天活在慈愛上帝的臨在中，彌撒因此不再是例行公事或責任，而是每天生活的中心，又是與我們所愛的主親密相交的時刻。

其中一樣最令我欣喜的發現，是每天的默觀式禱告

> 讓我察驗到每天彌撒的改變大能。對我來說，彌撒成了與主密交的深刻經驗，在這個特別的時刻及地方，我可以汲取亮光、力量、盼望。我終於領悟一事：我的私人默觀時刻不僅對我個人有益，也是對整個羣體的一份服事。

這簡單的禱告操練，成了強而有力的支撐結構，令不息的思想化為不息的與主相交。在我們的默觀式禱告中，耶穌不再是來自遠古時代異域世界的陌生人，而是我們可以與之認同的活生生的臨在。我們可以與永生上帝對話，就在此時此刻。

我所描述的默觀操練，不過是許多可行方法之一，我向你提供這方法，無非想向你展示一種有規律的禱告生活。重要的是我想你明白：除非我們願意努力操練禱告，否則基督徒所渴求的理想——將整個生命化為禱告——不過是空想而已。屬靈操練令一些屬靈境界變得可能。面對心底那種對親密及與主相交的渴求，我們要踐行一些操練，如果能夠持之以恆，天天不懈，就會漸漸更實實在在地與慈愛的上主相遇。

## 結語

我表明了不息禱告並非一個老實俄羅斯農夫的不凡行止，而是一項人人切實可行的召命。它肯定不是唾手可得的生活方式，不能單靠心裏想望就自動獲得，而偶爾的禱告也不會自然而然化為不斷的禱告。相反，若我們認真面對，開始合宜的操練，就能經驗到生命轉變，愈來愈親近上帝。全然與上帝相交——這顯然不可能是一種恆久不變的狀況，無人可以達致這境界，但我們可以回應心中渴求，努力加以操練。操練過後，會逐漸發現許多原本叫我們分心的妄念，慢慢轉化為對上帝的不息讚美。隨著我們愈來愈認識上帝，愈來愈懂得欣賞祂的美善，我們就會益發輕看世人與世事——上帝的受造物變成上帝的啟示，向我們述說所默觀的那位。我們將慢慢地意識到禱告的真相：禱告正是隨時隨地與神同在的持續操練。

保羅對帖撒羅尼迦信徒關乎「不住地禱告」的吩咐，乍聽似乎既苛索又不切實際。驟眼看來的確如此！然而，我希望你們現在有了不一樣的想法，能夠看見保羅的吩咐能帶來不息的喜樂。無論如何，除了保羅，天上的愛者也在邀請我們讓生命得著徹底轉化。因此保羅可以說：「〔要〕不住地禱告，凡事謝恩；因為這是上帝在基督耶穌裏向你們所定的旨意。」（帖前五 17～18）

# 第四章

# 默觀與關顧

# 引言

羅馬其中一個配得的稱譽，肯定是「雕像之城」。走在羅馬的街道上，滿目盡是大理石雕成的形像，有的戲謔，有的暴烈；有的美麗，有的醜陋；有的情色，有的虔敬。我曾見過一座小小的大象石雕，象背有座埃及式的方尖塔！我看著這和善的動物，想起一個小故事。

從前有個雕匠，在一塊很大的大理石上辛勤動工。有個孩童經過，看著大小碎石不斷掉落，他摸不著頭腦，不知道雕匠在做甚麼。幾個星期後，孩童回到工場，看見大理石原本的位置上，放著一座巨大兇猛的獅子雕像。他訝異不已，跑到雕匠跟前說：「先生，請你告訴我，你怎麼知道在大理石裏面有隻獅子呀？」[1]

雕塑藝術首先是「看」的藝術。米開朗基羅在一塊大理石上「看見」一個慈母將她死去的兒子放在自己大腿上，在另一塊大理石上看見滿有自信的大衛預備向衝過來的歌利亞甩石，又在另一塊大理石上看見怒不可遏的摩西要從座位站起來。視覺藝術確然是「看」的藝術，是將所見之物呈現在世人眼前的技藝。巧匠是釋放者，將困在大理石裏舉凡億萬年的角色釋放出來，向世間啟示它的真正身分。

上述這個關乎雕匠的意象，正好清楚說明默觀與關顧（或服事）的關係。默觀是**看**，服事是**呈現**。默觀生命是「看」的生命，關顧他人的生命是將所見的呈現在眾人面前的生命。

上述定義源於對東西方隱修士靈修學影響深遠的沙漠教父彭迪谷（Evagrius Ponticus）的幾部著述。彭迪谷將默觀稱為 *theoria physike*，由「看見」（*theoria*）及「事物的本質」（*physike*）二字組成，換言之，默觀者就是看見事物本質的人，能夠看見事事物物的關聯。又如梅頓（Thomas Merton）所言，默觀者是知道「重點何在」的人。如前所述，要能夠「看見」，必須開始某些操練。

彭迪谷將相關操練稱為 *praktike*，目標是摘掉攔阻人觀看的遮眼布。梅頓對彭迪谷著作很熟悉，因此他的說法與彭迪谷亦很接近。梅頓告訴客西馬尼修院（Abbey of Gethsemani）的修道士說，默觀生命乃是不斷從「不透明」移到「透明」、從「黑暗密封閉塞」之地移到「透光開放超越自我」之地的生命——梅頓說得太好了！

以下我會先看從不透明移到透明的幾個層面，因為這表明了人生怎樣達致「看見本質」的境界。然後我會探索「操練」之事，就是在默觀中與上帝相交的具體行動，怎樣從不透明移到透明。藉此我盼望大家能夠看得清「是甚麼」（being）與「做甚麼」（doing）的關係，還有「默觀」與「服事」的關係，這些關係乃是「觀看」與「技藝」的關係。

## 默觀的生命

彭迪谷形容，默觀的生命會引領我們將世界看為空明通透的世界，即一個指向己身以外之事的世界。在禱告中尋找上帝，就能尋得世界的真正本相。一扇窗除非可以看得透，否則就不是真正的窗；而世界除非能夠向我們展示它的真正本質，否則就是看不透的，不能指向超越它己身之事。你和我同樣身在尋求的旅程中，我們必須在三種核心關係上，不斷從不透明移到透明，這三種關係包括：與大自然的關係、與時間的關係、與他人的關係。

**大自然**

近幾十年，我們尤其察覺人與大自然關係的重要價值。當我們將樹、河、山、田、海只視為資財，按我們真實與假想的需要不斷剝削它們，大自然就是不透明的，不會向我們展示它的真正本質。當我們將一棵樹僅僅視為一把未造出來的椅子，它就難以向我們透露它的成長。當一條河不過是排放工業廢料的地方，它就不再告訴我們它的流向。當我們將一朵花僅僅看作塑料花的原型，它就失去向我們展露生命之美的力量。當我們將大自然大致視為可用的資財，它就變為不透明——這狀態在社會中以「污染」的形式呈現。污七八糟的河川、烏煙瘴氣的天空、露天開採的山丘、過度砍伐的樹林，都是我們蹂躪大自然的可悲標記。

對我們來說，一個既艱難又緊迫的任務，就是承認大自然並非任人攫奪的資財，而是人須以欣賞及感恩之心去領受的禮物。惟有當我們懂得感激河流、海洋、小丘、大山，感激它們為我們提供了美好家園，它們才會變得透明，並向我們透露它們的真正意義。

> 曾經有個朋友給我看一幅拍得極美的睡蓮照片，我問他是怎樣拍得如此精采的照片，他微微一笑，說：「我必須很有耐性，目不轉睛。我讚賞了那朵花幾個小時，她才願意讓我拍照呢。」

假如我們不能專心且耐性地聆聽大自然，它就會隱藏它的深邃，不讓我們發現它內在的智慧與美麗。紐曼樞機（John Henry Newman）看大自然為幔子，暗示背後那不可見的世界。他說：「可見的世界……是不可見的世界的幔子……一切存在或發生的可見之事，既在隱藏，卻也指向著、促進著一個超越己身的體系，這體系包含了人物、事實、事件。」[2]

假如我們時刻意識這幔子的存在，並全然察覺大自然的指向亦總在幫助我們聆聽觀看造物主的大愛故事，我們的生活會何等不一樣！與我們共存的植物與動物，不住教導我們關乎誕生、長大、成熟和死亡的事，讓我們知道細心照料的需要，更說明忍耐與盼望的重要。更深遠的是，譬如水、油、餅、酒這些物品，皆指向超越己身的重大主題——關乎我們再造的偉大故事。

我們這世代的人與大自然少了聯繫，也不再讓大自然服事我們，這是何等可悲的事。我們太容易將服事囿限於人對人的服事了，假如我們懂得讓大自然再度醫治、安撫、教導我們，將能為今日世界提供極美好的服事。

我常疑惑一事：許多人被人工化及醜陋的事物重重圍困，這情況之不堪，其實不亞於他們所面對的人際關係難題。

> 我在照料長者時發現了一個可悲的事實：他們是身處醜陋環境的受害者！我相信只要將長者的家居或房間弄得漂亮一點，他們即可獲得極大的醫治與平安。只要有活生生的植物——植物像長者一樣會生長會死亡，也像長者一樣需要照顧關心——陪伴他們，他們的生活已可消除不少孤獨感。人與植物之間可以有許多交流——遠多於我們所知所想。鮮花可以成為我們的談論題目，以至交流對象，也許

它們的醫治能力，超過那些談論生死意義的高言大
智呢。

關注今世代生態問題並致力除去大自然之不透明的人，對我們實在貢獻良多，他們踏實地服事我們及我們的世界。他們滿有智慧，不但讓人類、更讓植物和動物去講述生命循環，去醫治孤單者，去傳揚主大愛。願我們在與大自然的關係上，一同努力打通從不透明到透明的道路。透明不僅加深我們對世界的認識和觀察，更對我們的教學、醫治和敬拜大有增益。

**時間**

另一種默觀者必須注意的關係，並要將之從不透明化為透明的，是我們與時間的關係。時間益發成了我們的大敵，我們在當今世上的最大制約似乎不是金錢，而是時間。我們說：「但願能夠做完我必須做的所有事，但我就是不夠時間。想想今天必須完成的差事吧——寫五封信、探訪一個朋友、練習樂器、打一通電話、購物、做飯、清潔——僅僅想想這些差事已叫我累透了。」似乎我們經常覺得自己掌

控不了時間，因為是時間在掌控我們！我們有時候覺得自己是「期限」的奴隸，長期承受壓力，必須在短期內完成諸般差事，準時完工。日常生活中我們不斷聽到類似的藉口：「不好意思，我沒有時間……」而當我們想找人幫忙或安慰一下，總會不期然加上類似開場白：「我知道你很忙，但你有沒有一點時間……」我們開午餐例會，或在邊吃邊談之際作出重大決定。我們總覺得自己很忙，這種奇異的感覺充斥腦間，而時間表在眼前迅即填得滿滿。偶爾我們不禁問自己：「究竟是甚麼人或甚麼事在催迫我？為甚麼我會這樣忙，好像沒有時間好好過活呢？」

這證明了時間已變得不透明、暗昧、無法穿透。我們所經驗的時間，僅僅是 *chronos*，即一般意義上的時間／一段時間——生命不過是一連串隨機聚集的事件和意外，隨著時間推進，我們在當中不由自主。這樣的生命體驗，令人很快落入鬱悶與宿命論的漩渦，而相信宿命的表徵往往是感到厭倦。感到厭倦不等於無事可做，而是不斷覺得無論做甚麼或說甚麼，至終都是無關痛癢。厭倦是覺得重要事情的決定權不在自己手中，跟我們說甚麼做甚麼根本毫無關係。

故此，厭倦是活在 *chronos* 中的表徵。*Chronos* 有個弔詭之處：我們愈是忙得不可開交、與期限不斷競賽，卻愈是覺得厭倦。這厭倦反映了一事：對我們而言，時間變得不透明了。

但當我們定意天天與主好好交往，時間就會漸漸從不透明變為透明。這往往是極難且極慢的進程，不過箇中盛載再創造的力量。每年每月每日的諸般事件並非阻擋我們追尋豐盛人生的障礙，而是通向豐盛人生之道——當我們能察驗當中的意義，就能經驗真正的頓悟與轉向。我們會發現打掃、做飯、寫信、專業工作、探訪、照料他人等，並不是一連串隨機發生的事件，妨礙人探索心底的自我；相反，這些尋常不過的生活事務，蘊含了轉化的力量，可以改變我們的生活方式。原來我們可以默默耕耘，將對時間的看法從 *chronos* 改為 *kairos*。*Kairos* 是希臘文，意思是「機會」——合宜的時間、重大的時刻、難逢的機會。當時間成了「時機」*kairos*，數不盡的新可能就會出現眼前。活在 *kairos* 中的生命，為心靈帶來蛻變的機會。

看耶穌的生命，每件事都是 *kairos*。祂在公開事奉之初宣告：「時候到了」（可一 15，《和合本》作「日期滿了」），而祂每時每刻都活出了生命的機會。他在生命臨近終結時宣告祂的時候快到了（太二十六 18）。祂將那一刻看為 *kairos*，並藉此打破歷史的宿命 *chronos*。

耶穌的生與死是真「福音」，因為它向我們展示了一事：人生的所有事件，甚至諸如戰爭、饑荒、洪災、兇暴、殺害等禍患，都不是不可逆轉的死命。每時每刻都像種子，蘊藏改變的可能，成為**轉變的時刻**。因此原本看來是匠人所棄的大理石碎屑，原來是必須移除的障礙物——這種移除十分痛苦，卻是必須，因為障礙物攔阻我們觀看上帝的真形像。易言之，我們不要再被誘騙去逃離當下，以為必須跑到別的時空，才可找到精采的生命；我們已開始找到世界的實相，還有人生與時間及永恆的關係。我們開始能夠在時間中瞥見永恆——厭倦由此消散，生活中的悲喜時刻，亦有了嶄新而重大的意義。就在此時此刻，對我們來說，時間變得透明了。

因此，默觀生命不是在許多糟糕時刻之中，加插一些美好時刻，而是將所有生活時刻轉化為一扇窗，藉此讓原本不可見的世界，能夠化作可見的天地。

一切關顧與服事的核心，是將時間化為透明，令人可以在具體而微的人生境況中，看到生命更深刻的真相。在禱告中與天父相交，時間決不會白費，因為我們可以從中看到天父的手怎樣時刻與我們同在，以至我們活著的每時每刻，都是與上帝及鄰人站在同一陣線的機會。在我們來說，時間是 *kairos*。那些受苦的人——年邁的、貧窮的、身心靈被囚的——都飽受宿命思想折騰，然而我們的禱告與關顧生命，也許有助打破這種宿命思想的捆鎖，而或許我們還可以在別人的旅程上支援他們，教他們認清人生的真正目標與內容。如此一來，我們就是主的門徒了：將福音傳給貧窮的人，讓瞎眼的得看見，使被擄的得釋放（路四 18）。

## 他人

最後一種我們要注意的關係，並要將之從不透明化為透明的，是我們與他人的關係。與其餘兩種關係（與大自然的關係、與時間的關係）相比，與他人的關係更重視在每天的獨處與默觀操練中落實「看見事物的本質」（*theoria physike*）。我們總喜歡認識一些有趣的人，又會分外留意那些氣質特別的人。我們豈不都被有趣人物吸引嗎？不論是電影明星或犯罪分子，體育明星或殺人兇手，諾貝爾獎得主或變態狂徒，我們都對他們的個人及生平好奇不已。有時候我們甚至會不期然想靠近這些不尋常的人物，看看他們的面，握握他們的手，索取他們的簽名，或只是較近距離觀察他們。雜誌《人物》(*People*)盈利豐厚，就是因為能夠滿足我們對名人的好奇心。報章的頭版也愈來愈少新聞報導，取而代之是愈來愈多的人物照片和異聞，不論這些異聞是值得稱賞或必須譴責的。

> 羅馬確有很多精采的異聞，而且出人意表的是，台伯河(Tiber)兩岸都是觀察這些現象的好地方，堪稱世界之最。無論是宗教雜誌或世俗報章，都在協力建構一個幻象：地上遍佈擄人者，天上都是劫機者，甚至教庭內也充斥著許多非比尋常的人物。

假如遇見或交往的人在我們眼中都不過是「有趣的人物」，那麼對我們來說，他們仍然是不透明的。我們若純粹因為對方是「有趣人物」而去靠近他們，這些人並不會向我們透露他/她的內在美麗與奧妙。只集中留意人的某種特性，以特性將人「分類」的這種想法與做法是狹隘的，會令對方心生抗拒，將珍貴的真面目藏起來。從事助人專業的人，尤其傾向默默卻快速地將人加上標籤分類——因此得出自己了解受助者的錯覺。精神病學的標籤(「神經病」、「心理變態」、「精神分裂」)是一例，宗教的標籤(「不信者」、「異教徒」、「罪人」、「冒進派」、「保守派」、「自由派」、「正統派」)是另一例，這些都令我們對一個個真實的人產生虛假的了解——其實不過揭示了我們缺乏安全感，多於幫助我們了解受助者的本相。

恐懼是一大阻礙，人與人的關係也常存恐懼。我們要努力克服恐懼，不將人標籤分類。我們要努力向弟兄姊妹敞開心懷，努力讓對方獲得尊嚴與重視——畢竟他們是天父的兒女。

「個人」的英文 person 來自 *personare*，意思是「響透/傳聲」(sounding through)。我們也期望在人際關係中可以「響透/傳聲」，在內心有足夠空間，可以辨明他人表相以下的本質，以至所尋得的愛比我們能夠抓住的更多，所尋得的真比我們能夠表達的更深，所尋得的美比我們能夠想像的更滿。我們蒙召要在人際關係中保持透明，從而指向那位遠超我們表相的創造主——祂是愛與真與美的惟一源頭。

當有人對你説：「我愛你」或「我被你深深感動」或「我很感激你」，你或許馬上會覺得這不可能，並懷疑自己有何特別——你可能會這樣説，或這樣想：「太多人比我更值得愛，太多人比我聰明了，不是嗎？」你其實是忘記了一事：對其他人來説，你所傳透的，是一些遠比你能夠聽到的更重要更深邃的事。

你要天天花時間默觀上帝的美麗和奧妙，看見事物的本質——這對人際關係有深刻且重大的影響。我們自己可能聽不到、看不到自己「傳透」的形像，但我們仍然在彼此身上觀看到可見之物以外的本相。恐懼由此消散，我們及他人的恩賜也會冒現，令我們不再那麼抗拒彼此肯定、彼此領受、彼此關顧之事。

也許我們開始漸漸明白默觀與服事的密切關係，還有與上帝相交及彼此關顧的密切關係吧。當我們花時間與上帝同在，心眼便得以打開，能夠在我們關顧的對象身上發現美善與恩賜，而我們的關顧也得著轉化：我們不再期待從對方身上獲取甚麼，反而藉著接收並肯定他們所「傳透」的信息，讓他們成為我們的禮物。我們既盼望也深信一事：我們能夠發現他們的美，這令他們也能夠發現並接納自己獨特且奧妙的價值。

藉著服事，我們幫助對方發現他們所展現出來的愛與真與美，還有甚麼服事比這更美呢？如今這個時代，很多人都在質疑自己的價值，人們在自我控訴的邊緣上蹣跚而行，生命力迅速流失。因此，任何幫助他人的關顧與服事，必可帶來養分與果效。我們若能發掘他人那亟待分享的恩賜，雙方就能從中找到新的生命與能量。

數不盡的人苦於不懂得付出。年輕人被塑造成不懂事的一輩；成年人懷疑自己沒有甚麼貢獻；千百萬活在城市、小鎮、鄉村的人，覺得自己在別人眼中毫無價值。能夠激發並領受人們隱藏的恩賜，這樣的服事何等美好！能夠一同歡慶他們所分享予我們的愛與真與美，這樣的服事何等奇妙！這是禱告與關顧的本質。默觀令服事變得可觀，反之亦然，加起來令我們益加欣喜。藉著人們不斷變化的生命，上帝讓我們看見祂的蹤迹；所有弟兄姊妹的佳容加起來，將原本遮擋上帝面容的幔子揭開了。

從不透明到透明，是默觀與服事的不息流向——以往大自然是有待佔據的資財，如今化作以讚歎及感恩領受的禮物；以往時間是隨機聚集的一連串事件和意外，如今化作不斷改變心思意念的持續機會；以往他人是有趣的人物，如今化作傳透的媒介，所傳透的是他們無法想像的超越之事。這不等於說大自然永不會是資財，時間永不會是「時序」，他人永不會是有趣人物——但如果這是我們對世界的主要看法，世界就仍舊是「不透明」，我們也永難發現萬事萬物的關聯。當我們能夠慢慢摘掉遮眼布，發現大自然是禮物，時間是「時機」，他人是「傳透」的媒介，就能夠發現世界是一項聖禮，不斷向我們揭示上帝的大愛。這才是彭迪谷所說的「萬事萬物的真實本質」。

## 默觀式禱告

### 心中的獅子

最後讓我們看看默觀式禱告的操練。假如我們只顧「看見本質」而不顧操練之道，就是欺哄自己了。人很容易對禱告和默觀並其與服事的關係產生浪漫的想法，但默觀的生命是一種生活方式，一切受造物——大自然、時間、他人——都變得透明，向我們述說上帝並祂的大愛。這種包羅萬象的說法可能令人以為關顧和禱告是同一件事，然而這其實把事情過度簡化了。假如說：「我的工作就是我的禱告」，你可能忘記了一事：在「看得見」之前，要擁有受過訓練的眼光。

本章之初那個孩童向雕匠問了一個十分真實的問題，甚至正是一切問題的核心：「先生，請你告訴我，你怎麼知道在大理石裏面有隻獅子呀？」

我們怎麼知道揭開大自然的幔子就能看見上帝？怎麼知道時間可以成為改變心思意念的機會？怎麼知道人可以「傳透」遠超己身所聽到的響聲？這些知識肯定不是顯而易見的，因為對大多數人來說世界是不透明的。人們只看到一大塊厚甸甸而不透明的大理石，不會看見裏面有甚麼。我們是否太浪漫而不切實際，不願意面對生命的殘酷現實，而妄稱自己看到心中想看到的東西？

在此觸及我們整個生命，以及禱告與關顧的核心問題了。在那塊大理石中真的有一隻獅子嗎？世上真有一位愛我們的上帝嗎？抑或這趟藉著禱告認識上帝的心靈旅程，不過是一廂情願的痴心妄想？我們與他人之間彼此的付出與接受，其實只是一種集體幻覺？我們是否太想望見上帝，因而受騙，罔顧日常生活的悽楚現實？我們會否只顧要看大理石中的獅子，而沒有發現這塊石頭其實攔阻著我們的去路？

孩童的問題**確是**有答案的，這答案會絆倒一些人，啟迪一些人。答案是：「我知道那塊大理石中有一隻獅子，因為我曾經見過那隻獅子啊——我在心中見過牠。我想跟你分享一個祕密：正是我心中的獅子，將大理石中的獅子認出來的。」

默觀式禱告是「看」的操練，藉著操練，我們開始「看見」居於心中的永生上帝。上帝居於我們心中一個寶貴的位置，我們若是細心留神，就會漸漸發現祂的蹤迹。我們漸漸認識且愛慕心中的天父，也就漸漸投靠這位奇妙的主，讓祂掌控我們一切的心智官能。藉著禱告操練，我們的心被喚醒，向上帝敞開，而祂會進到我們的脈搏與呼吸、思想與情緒，還有我們的視覺、聽覺、觸覺和味覺。我們既然察覺到心中的上帝，也就能夠在世上找到祂的臨在。我又要告訴你一個祕密了：不是我們在世上看見上帝，而是我們心中的上帝將世上的上帝認出來。上帝會跟上帝說話，靈會跟靈說話，心會向心說話。

因此，默想是參與上帝的「自我辨認」。活在我們心中的聖靈，令世界變得透明，又開我們的心眼，可以看見聖靈如何臨在世間。我們是藉著心中的心，看見世上的心——這就是默觀與服事的密切關係。

聖方濟各跟太陽、月亮、動物談話，不因為他是個天真無邪的浪漫主義者，而是因為他的刻苦操練喚醒了他的靈，使他能夠向心中的上帝敞開心扉，又讓他看見主臨在他的周遭。耶穌小兄弟會、小姊妹會的修士修女特意選擇不起眼且單調的差事，不因為沒有其他更好的選擇，而是因為他們願見赤貧者看見上帝的眷愛，這愛是他們在親近主時體驗過的，他們渴望將上帝帶進人的掙扎之中。加爾各答仁愛傳教修女會的宣道士在最窮乏的人中間經驗上帝臨在，因為他們早在自己的默觀中經驗了上帝同在的甜蜜。所以說，一切真正服事皆源於飽經訓練的心靈，這心靈認識上帝，愛上帝，有上帝臨在。

認識世上的上帝，意思是「由心」認識上帝，而這是操練默觀的根基。撥出時間持之以恆與上帝相交，是極艱難的操練，對我們這些慣常勞心者來說尤其如是。但願我們認真對待自己對關顧的宏願，令世界成為更好的安樂窩；又願我們甘心樂意參與這艱難又痛苦的掙扎——衝出心理障礙，由心認識上帝。

**簡單與順服**

我們切莫低估這掙扎的難度。我們逐逐營營，面對著周圍的報章與羣眾、電視與舞會、需索的子女和不辭而別的朋友。我們很容易失落上帝的道，把祂的話糾結在生活的責任與需要、似是而非的雄辯、滔滔不絕的鬧聲之中。要有效傳揚上帝的道，必須操練默觀式禱告。

默觀式禱告有兩大特質是額外值得注意的：簡單、順服。論到默觀，首要訣竅是要簡單——簡簡單單。在禱告中，上帝的道從腦袋下到心中，要在那裏結出果子，因此我們要致力避免內心的思辯與論理，只要安靜集注於某字或某句，不斷誦唸、咀嚼、反芻，直至內心深處感受到上帝話語的力量。

另一禱告訣竅是順服。順服的英文 obedience 來自

*audire*，意思是「聆聽」。默觀式禱告要求我們用心聆聽上帝大愛的呼喚。要讓上帝決定在何時及何地向我們說話，我們決不要自作主張。要讓上帝引領我們，我們要交出主導權。

我們害怕交出主導權，因為這意味上帝會說一些我們沒有預計或不想聽到的話。但如果我們夠深入夠耐心地聆聽，上帝的啟示會以輕風或微小的聲音向我們顯現。上帝喜愛與人相交，並以慈心對待我們。要是失去順服(就是「聆聽」)，心耳就會聾掉，生命會變得愈來愈荒謬。荒謬的英文 absurd 源於 *surdus*，意思是「耳聾」——荒謬的生命，就是順服生命的相反。

所以在禱告中要持守「簡單」及「順服」兩大原則，由此去認識上帝。當我們認識心中的上帝，也就能夠認出世上的上帝、大自然裏的上帝、歷史中的上帝，還有最棒的——人羣中的上帝。

這個天天不懈與上帝相交的操練，是屬靈生命的根基——我們一切所做、所說、所創，都立在這根基之上。

# 結語

我嘗試為「看見本質」及「操練禱告」提供當代的演繹，前者可看為默觀的生命，後者可看為默觀式禱告。按照彭迪谷的說法，操練與看見本質所結的果子就是「神學」(*theologia*)，這神學關乎上帝的直觀知識，能夠透現一切生命的屬天源頭——這已經超越了默觀式禱告的操練，甚至超越了萬事萬物的本質實相，以至進到與上帝最親密的聯合——祂稱我們為祂所愛的兒女。這種聯合與我們心底的渴求互相呼應，是最重要最美妙的禮物。這是全然合一、安息、平安的恩賜。這是整個靈命旅程的巔峯，因為我們竟然將平庸予以昇華，藉著上帝生命認識自己，並以世界為上帝手中傑作。在這經驗中我們不再在意禱告的質素或關顧的深度了，這些評價變得微不足道。我們終於從不透明踏進透明了，不再有遮眼布攔阻我們觀看上帝，我們可安然活在大愛的同在中。

這「神學」就像耶穌在他泊山上變像的經歷，這經驗很罕見，也只有很少人擁有。在那一刻，門徒經驗了與上帝最深刻的相交，但很快就要回到山下，而且被告誡不可以將所見所聞告訴任何人。你和我生命的大多數時候可能都不是活在山上，而是活在山下，但我們卻蒙揀選去將福音傳給貧窮人。我們**確然會**遇見上帝，因為上帝就是臨在、大愛、憐憫。

我在引言中以孩童和雕匠的故事作比喻，盼能幫助大家理解內在生命（與主親近）與外在生命（為人捨命）的關係。我以盼望作結，盼望大家勇敢地在生命裏選擇摘掉遮眼布，揭示我們真正的身分乃天父所愛的兒女。最後我祈願大家能夠在這流淚谷中為彼此成為上帝臨在的媒介，懂得體味這問題所蘊含的道理與喜悅——「請你告訴我，你怎麼知道在大理石裏面有隻獅子呀？」

# 跋
## 臉上的粉妝

本書四個篇章是為回應一些很具體的問題而寫，這些問題來自在羅馬說英語的宗教人士。但當我重看這些內容，尤其視之為一個整體時，它們的意義似乎超出了僅僅回答問題的層次。我懷疑每個人多少也知道自己對獨處、留白、禱告和默觀的渴求。所有人豈不都經驗過，渴想與上帝獨處？我們都渴望在心靈深處撥出空間與慈愛主相遇，得以更清楚看到聽到更多關乎生命與愛的深邃道理。很多時候這些渴求或理想會藏於心底，又或在我們的忙碌與營役中快速消散，然而，它們卻似乎揮之不去，尤其在過去幾十年的「信息泛濫」中，人們益發留意到自己的內心光景。很多人尋求指導，希望可以將內心世界帶進意識的前台，期待可以整合二者。無疑獨處、獨身、禱告、默觀對眾人皆有裨益，但始終有些人會有獨特的渴求與呼召，踏上特殊的旅途，活出分別為聖（尤其是專以上述操練為核心）的生命。無論如何，但凡持守上述價值的人，若能真誠而慷慨地生活，這種生活的價值，就不僅對少數獲選者有增益，卻更是對許多人皆有助益了。

在世界一幕幕驚人的英雄表演之間，總需要有小丑現身——就是那些在倒空和獨處的生命中，與居於內心的上帝相交的人。這些小丑會向我們的「另一面」說話，為我們提供慰解、安撫、盼望和歡笑。羅馬是個好地方，它能夠讓人察覺到對小丑的需要。這個大而繁忙、既有趣又叫人分心的城市，不斷呼喚我們加入馴獸師和空中飛人的行列，因為這些角色能吸引最多的目光。然而，只要小丑出場，我們就會記得一件事：真正重要的，往往不是最好看的或最刺激的事物。小丑提醒我們在一幕幕大場面之間所發生的事。小丑以「無用」的作為告訴我們：不僅我們的許多掛慮、擔憂、張力、焦躁可以一笑置之，而且我們臉上都有粉妝，偶爾也要扮演一下小丑的角色。

我在羅馬發現了一些很美麗的小丑，這些聖徒往往在他們的眼淚中藏著微笑，又在微笑中藏著眼淚。他們讓我得到鼓勵，因此我不但不把臉上的粉妝抹去，反倒還要再添一點。但願你看完這本書，也會得到一點鼓勵，無懼多添一點小丑的粉妝，在你生命中體驗獨處、獨身、禱告和默觀的寶貴。

# 註釋

## 第二章

1. Thomas Hora, *Existential Metapsychiatry* (New York: Seabury Press, 1977), p. 32.

## 第三章

1. 參 *The Way of a Pilgrim*, trans. R. M. French (New York: Seabury Press, 1965)。

## 第四章

1. 這故事靈感來自 Thomas Hora, *Existential Metapsychiatry* (New York: Seabury Press, 1977), p. 20。

2. John Henry Newman, *Essays Critical and Historical*, Vol. II (London: Longmans, Green, and Co., 1901), p. 192.

緊扣時代 服事教會

以文字傳揚基督真道

# 讀者意見表

衷心多謝你購買本社書籍。本社一直致力以出版事工服事教會，幫助信徒扎根於神的話語，促進靈命增長。為使我們的出版更能滿足你的需要，請填寫下列各項資料，並寄回或傳真予本社。

所購書籍：__________

本書最吸引你的地方：

□作者　□適切性　□文筆　□設計　□實用性

□其他：__________

購買本書地點：

□基道書樓　□基督教書店　□非基督教書店

性別：□男　□女　職業：__________

信仰：□基督徒　□非基督徒

年齡：□ 16 歲或以下　□ 17～25 歲　□ 26～35 歲

□ 36～55 歲　□ 56 歲或以上

學歷：□中三或以下　□中五　□預科

□大學　□研究院

□我欲更多了解基道出版社的事工及考慮支持，請寄給我下列資料：

□機構簡介　□新書資料　□基道會員通訊

□《基道文字事工通訊》

姓名：__________ 電話：__________

地址：__________

__________

傳真：__________ 電子郵件：__________

其他意見：__________

__________

多謝賜教！

基道出版社

意見表可以傳真（2687-0281）或直接郵寄以下地址：

香港沙田火炭坳背灣街26號富騰工業中心1011室

基道出版社編輯部收